Bruce Allen
Der siebte Tag

Bruce D. Allen

# DER SIEBTE TAG

Erfüllung der prophetischen Zusagen

Titel des amerikanischen Originals:

**The Prophetic Promise of the Seventh Day**
by Bruce D. Allen


3. Auflage, Dezember 2016
ISBN 978-3-938972-33-5

Die Bibelzitate wurden, wenn nicht anders angegeben, der Revidierten Elberfelder Bibel, R. Brockhaus Verlag Wuppertal, entnommen.

**ReformaZion Media**
**Braasstraße 30**
**D – 31737 Rinteln**
**Fon (05751) 97 17 0**
**Fax (05751) 97 17 17**
**info@reformazion.de**
**www.reformazion.de**

*Gerne senden wir Ihnen unseren Verlagskatalog zu.*

# Inhalt

Gewidmet meiner wunderbaren Frau Reshma
– Deine Liebe, Ermutigung, Hingabe und Hilfe gehören zu
den größten Schätzen, welche dieses Leben geben kann.
Dieses Buch hätte ich nicht ohne Dich schreiben können.
Du bist die Liebe meines Lebens, meine Freundin und mein Herz.
Ich schätze jeden Tag unseres Zusammenseins.

# Ich danke ...

... meinem besten Freund, Heiler, Herrn und schon bald wiederkehrenden König: Jesus Christus, der mich errettete und bei meinem Namen rief.

... meinen Eltern, Ed und Shirley Allen, die mich immer wieder ermutigt haben.

... meinen Pastoren Barry und Kay Hill, für die Möglichkeit, dieses Wort mitzuteilen.

... Jerry und Chip Foster, meinen immer bleibenden treuen Freunden.

... den Pastoren Bruce und Sherri Gunkle, deren Dienst mich begeistert und freigesetzt hat.

... unseren Fürbittern, besonders Neil Lowery, für Deine schützenden Gebete.

... Faye Higbee, die dieses Buch editierte und dabei half, es herauszugeben.

... den vielen, die ein weiteres Buch von mir gewünscht hatten. – Hier ist es!

Jedem, der Gottes Plan für das heutige Leben erfahren will, möchte ich dieses Buch sehr empfehlen. Menschen stehen heute vor vielen Situationen, welche ihnen die Freude und den Frieden rauben können. Der siebte Tag ermächtigt Dich, Deinen Herausforderungen entgegenzutreten. Dieses Buch enthält wichtige biblische Wegweisung für unsere Zeit.

T. Edward Allen
Storehouse Ministries International
Spokane, Washington

Für die kurz bevorstehende, gefahrvolle Zeit ist ein Charakter, der Christus entspricht, unverzichtbar. Vieles von dem, was uns heute angeboten wird, hat damit leider keine Ähnlichkeit. Bruce Allen ruft uns auf zu neuem Glauben für biblische Großtaten.

Glenn Dunlop
Highway of Holiness Church
Belfast, Nordirland

Bruce hört vom Herrn und ist als Prophet für die Nationen berufen. Ich empfehle sein Buch von Herzen, denn es enthält die gleiche Salbung, Leidenschaft und Tiefe, die im Dienst von Bruce sichtbar werden.

Rev. Dr. Collin Gordon
Trinity Community Centre, Malaysia

# Vorwort

An allen Orten möchte Gottes Volk ein größeres Verständnis der heutigen eigenartigen Zeiten erlangen. Wir erleben die Entartung gesellschaftlicher Moral und werden mit oftmals beunruhigenden Ereignissen in der Welt konfrontiert. Einige Menschen sind von Furcht ergriffen, andere fragen sich, ob Gott sie vergessen hat. Doch Gott hat nichts übersehen! Er ist inmitten des Geschehens und alles bewegt sich in Seinem Zeitplan. Dies ist keine Zeit für Angst, sondern für Freude, denn ein erstaunlicher Abschnitt des göttlichen Zeitplans hat sich uns eröffnet: *Der siebte Tag.*

Nach meiner Überzeugung wird Dr. Bruce Allen als ein wichtiges Werkzeug gebraucht, um Gottes Volk Verständnis über das jetzige Zeitalter zu schenken. Er hat unzählige Stunden in Gottes Gegenwart verbracht, um zu studieren, zu beten und der Stimme Jesu hinsichtlich der geistlichen und prophetischen Bedeutung dieses Zeitalters zuzuhören. Ein Teil der Offenbarungen, welche Bruce über unsere wichtige Zeit erhalten hat, wurde bereits in seinem vorangegangen Buch „*Promise of the Third Day*“[1] mitgeteilt. Falls Du dies noch nicht gelesen hast, möchte ich Dir die Lektüre dieses Buches sehr empfehlen. Diese zwei gesalbten Werke gehen Hand in Hand und ergeben ein erstaunliches, prophetisches Bild von Gottes Plan, bevor Er den Vorhang am Ende dieses Zeitalters schließt.

Seit vielen Jahren genieße ich das Vorrecht und die Ehre, Dr. Allen zu kennen. Bei unserem ersten Treffen musste ich an Petrus und Johannes denken, als diese zum Hohen Rat gerufen wurden, nachdem sie den lahmen Mann an der Schönen Pforte geheilt

1 Bruce Allen, „Die Verheißung des dritten Tages“ – auf deutsch bisher nicht erhältlich. Destiny Image, 2011,

hatten. Die Bibel berichtet, nachdem Petrus voll des Heiligen Geistes erklärt hatte, der mächtige Name Jesu Christi habe den Mann geheilt, habe der hohe Rat erkannt, *diese Männer waren mit Jesus gewesen* (Apostelgeschichte 4:13). Genauso bin ich mir sicher, dass Bruce *mit Jesus war*. Jedes Mal, wenn sich unsere Wege kreuzen, ist augenscheinlich, Dr. Allen verbringt täglich Zeit mit Jesus. Ich glaube, *Der siebte Tag* ist ein Ergebnis dieser Zeit in Gottes Gegenwart. Diese aktuelle und höchst wichtige Botschaft ist ein Geschenk an den Leib Christi. Dank sei Gott für die uns gegebene Gelegenheit an der Frucht der Arbeit dieses gesalbten Buches teilhaben zu können. Ich glaube, dadurch wird Gottes Volk ausgerüstet, um bis ans Ende stark zu bleiben. Mit göttlicher Leidenschaft und anvertrauter Offenbarung zeigt Dr. Allen Gottes verheißenen Segen für den siebten Tag und die von uns geforderte Positionierung, um vollständig in diesen Segnungen zu wandeln. Seine gesunde Lehre verdeutlicht die Herausforderung für uns Christen, während sich dieses Zeitalter dem Ende zuneigt. *Der siebte Tag* vermittelt Weisheit, um dem göttlichen Ruf zu folgen. Bei der Beschäftigung mit vergangenen, gegenwärtigen und zukünftigen Ereignissen wirst auch Du entdecken, was Viele bereits empfinden: Jesus kommt bald wieder!

Gott gießt einen neuen Wein aus, der keinem ähnelt, den Du jemals geschmeckt hast. Durch seinen Genuss und die Anwendung der mit diesem Buch vermittelten Wahrheiten wirst Du an einen tieferen Ort des übernatürlichen Glaubens und zu einem vertrauteren Wandel mit Jesus gelangen.

Viele im Leib Christi, mich eingeschlossen, haben sich danach gesehnt, Gottes Plan zu verwirklichen, aber damit zu kämpfen gehabt, wenn der Arm des Fleisches sich erhob und das göttliche Vorhaben ausführen wollte. Als Folge lässt die Art und Weise, wie wir Christus auf der Erde repräsentiert haben, meines Erachtens sehr zu wünschen übrig. Aber schon bald wirst Du durch Dr. Allens Lehre gute Nachrichten hören: Am siebten Tag wird die

Braut Christi aufstehen und die Wunder wirkende Macht Gottes erweisen. Wir werden uns nicht länger anstrengen, um Seinen Plan umzusetzen. Genauso wie Gott am siebten Tag ruhte, werden wir Seine Absichten aus der Ruhe heraus realisieren. – Das sind doch wirklich gute Nachrichten!

Therese Marszalek
Autorin von *Extraordinary Miracles in the Lives of Ordinary People*

# Einleitung

Bei der jahrelangen Beobachtung prophetischer Ereignisse, deren Geschehen in der Bibel vorhergesagt wurde, verblieb immer eine Frage in meinem Herzen: Wie wird die letzte Generation unter solchen in der Bibel dargestellten Umständen handeln?

Diese Frage brachte mich auf die langjährige Suche nach Antworten und Einsichten des Wortes Gottes. In *Der siebte Tag* gebe ich einige dieser Erkenntnisse weiter.

Ohne jeden Zweifel leben wir in einer sehr prophetischen Zeit, die fast überfällig das Versprechen auf Erfüllung trägt. Ereignisse werden sich schnell entfalten und Nationen haben sich sowohl politisch als auch geistlich aufgestellt, um die letzten Szenen der Geschichte zu beschließen. Auch der Leib Christi befindet sich in dieser Dynamik und wird vom Heiligen Geist vorbereitet. Gottes Kinder sollen in Reife gelangen, um ihre Bestimmung auszufüllen.

Dies im Sinn und unsere Herzen darauf ausgerichtet, dass der Wille des Herrn in unserer Generation verwirklicht wird, sind wir dazu bereit, uns auf unvorstellbare Art und Weise in der Kraft Gottes zu bewegen. Wir können buchstäblich den Himmel auf die Erde bringen und eine umgestaltete und erlöste Generation erleben, herausgerissen aus der Dunkelheit, hineingebracht in Sein herrliches Licht! Heute befinden wir uns an der Schwelle zur größten Ausgießung des Geistes Gottes und der reichsten Ernte, welche die Welt jemals gesehen hat. Dies werden wir nicht nur bezeugen, sondern Hauptakteure bei der Erfüllung jedes Bundesversprechens des göttlichen Wortes sein.

Mein Gebet ist, dass Dich beim Lesen dieses Buches Hoffnung erfüllt und Du Einsicht in Deine tiefe Vorhersehung während dieser prophetischen Zeit gewinnst. Du bist nicht durch Zufall hier. Dein Wert für den König und das Königreich ist unermesslich! Der Leib Christi braucht Dich vollständig ausgerüstet mit der Fülle der Autorität und Freiheit, zu der wir berufen sind. Es ist Zeit aufzustehen, Deinen Platz im Leib Christi und in der Armee Gottes einzunehmen und im Sieg auf Deine ewige Bestimmung zuzugehen.

Bruce Allen

# 1

# Die Verheißung

Sehr oft gibt uns die Bibel Einsicht über Zeiten, denen wir als Volk entgegen sehen. Gerade jetzt befinden sich die Nationen in einem Zeitabschnitt mit außergewöhnlichen Umbrüchen. Viele Indikatoren und Zeichen deuten auf eine letzte sich zuspitzende Serie von Ereignissen hin. Jahrelang habe ich Gottes Wort mit dem Wunsch studiert, den Herrn und Seine Wege zu kennen. Ich wollte Ihn nicht nur als einen Gott verstehen, der denen Segen gibt, die Ihm vertrauen, noch allein als Geber von Gaben. Er sehnt sich nach einer Beziehung mit Seinem Volk und zwar mehr, als wir es jemals erfassen können. Durch dieses leidenschaftliche Streben nach Vertrautheit mit dem Herrn konnte ich tiefere Offenbarungsebenen des Wortes erreichen. Ich bemerkte Muster und numerische Zusammenhänge im Wort, die tiefgreifend und mit großer Klarheit zu uns reden. Sie offenbaren nicht nur das Herz und den Charakter Gottes, sondern sprechen auch prophetisch zu uns bezüglich der Stunde, in der wir leben, und von dem, was kommen wird. Je begeisterter ich wurde, desto mehr ich studierte und nachforschte, umso mehr Erstaunen ergriff mich, bis ich erkannte, dass sich mein Verlangen nach einer tieferen Beziehung zum Herrn in meinem Leben entfaltete.

Die Bibel lehrt uns in Lukas 6:10 sehr deutlich, dass uns gegeben wurde, die Geheimnisse des Königreich Gottes zu kennen. Beim Aufdecken dieser Mysterien erkennen wir zunehmend, wer der Gott des Königreiches ist. 1999 offenbarte mir der Herr in der Schrift eine wichtige Einsicht, welche über diese jetzige Generation und Zeit spricht. Ich bin immer wieder erstaunt, mit welcher Geschwindigkeit diese Offenbarung zustande kommt, die ich studiert und gelehrt habe. Der erste Teil dieser Offenbarung wird in meinem vorangegangenen Buch *Promise of the Third Day* ausgelegt. Wir werden den zweiten Aspekt dieser Offenbarung untersuchen, der sich auf den siebten Tag bezieht.

> **Dies eine aber sei euch nicht verborgen, Geliebte, dass beim Herrn ein Tag ist wie tausend Jahre und tausend Jahre wie ein Tag.**
>
> 2. Petrus 3:8

Dies sei euch nicht verborgen! – Als Petrus an diesen Punkt seiner Lehre gelangt war, ermahnte er seine Zuhörer diesen Gedanken zu beachten. Was war ihm daran so wichtig? Das Besondere an der Aussage, *„beim Herrn ist ein Tag wie tausend Jahre und tausend Jahre wie ein Tag"*, ist, das sie auf eine Generation verweist: *unsere Generation.* – Lass uns sehen, warum!

Wenn aus ewiger Sicht ein Tag tausend Jahren entspricht, ist Jesus erst vor zwei Tagen fortgegangen! Gottes Bezug auf Zeit und Ewigkeit unterscheidet sich sehr von unserer Wahrnehmung. Seit der Zeit Jesu bis zur letzten Jahrhundertwende haben wir erst zwei Tage verbracht (zweitausend Jahre) und befinden uns jetzt früh am Morgen des dritten Tages. In der Geschichte können wir viertausend Jahre von der Zeit Jesu bis zur Zeit Adams zurückgehen. Somit haben wir seit Adam sechstausend Jahre oder sechs Tage verbracht und befinden uns früh am Morgen des siebten Tages. Ein einmaliger Zusammenfluss des dritten und siebten Tages ist während dieses Jahrtausends erkennbar.

## Israels Zeiten und Zeichen

Der dritte und der siebte Tag sind äußerst prophetisch und nicht wie jede andere Zeit in der Weltgeschichte. Auch ist offenkundig, dass dies nie wieder vorkommen wird. In Israel können wir ebenfalls prophetische Ereignisse beobachten. Jesu Jünger baten:

**Sage uns, wann wird das sein, und was ist das Zeichen deiner Ankunft und der Vollendung des Zeitalters?** Matthäus 24:3

Jesus erklärt in Matthäus 24:25 und Lukas 21 den Jüngern Zeiten und Zeichen am Ende der Zeit und kurz vor Seiner Rückkehr. In anderen Schriftstellen tadelt Er die Pharisäer, denn sie waren nicht fähig die „Zeichen der Zeit" zu unterscheiden (Matthäus 16:3). Im Griechischen wird für „Zeit" das Wort „kairos" verwendet, welches am häufigsten mit „Zeitabschnitt" übersetzt wird. Aus dieser Zurechtweisung können wir erfahren, dass Jesus lehrte, prophetische Zeiten besitzen *Merkmale* oder *Zeichen*, welche diese Phase einleiten und zur prophetischen Bedeutung führen. Würden wir jeden Vers der Schrift untersuchen, der von Zeiten und Zeitabschnitten und ihrer Erfüllung handelt, müssten wir eher ein Lexikon schreiben, als ein Buch. Die Aussage soll genügen, dass wir uns in einer Zeit befinden, in der verborgene Geheimnisse im Wort Gottes aufgedeckt und versteckte Rätsel entschlüsselt werden. Wir sind in eine einzigartige „Zeit" in der Geschichte der Menschheit gekommen. Die Bibel erklärt, die Generation, welche Israels Staatsgründung erlebt, wird nicht vergehen, bis die Dinge, auf die Jesus sich bezieht, geschehen sind (siehe Lukas 21:32). Ich bin immer gelehrt worden und habe verstanden, dass eine biblische Generation 40 Jahre dauert. Die hebräischen Propheten haben es klar herausgestellt, dass *Jerusalem* ein Schlüssel für das Zweite Kommen Christi ist. Die Schrift erklärt, die Stadt Jerusalem findet während der Endzeit die meiste Aufmerksamkeit. In Psalm 102:14+17 sagte dies König David so:

**Du wirst aufstehen, wirst dich Zions erbarmen. Denn es ist Zeit, ihn zu begnadigen, denn gekommen ist die bestimmte Zeit.** Psalm 102:14

**Denn der HERR wird Zion aufbauen, er wird erscheinen in seiner Herrlichkeit.** Psalm 102:17

Im Gegensatz zur politischen Rhetorik ist Jerusalem Israels Hauptstadt, seitdem König David seinen Thron dort vor über 3.000 Jahren errichtet hat. Die Stadt wurde achtmal zerstört und wieder aufgebaut und ist 27-mal in andere Hände gefallen. Seit dem Jahre 70 nach Christus herrschten die Juden nicht mehr über ihre Stadt.

Die Wiedergeburt Israels geschah am 14. Mai 1948, und die Dinge schienen sich geändert zu haben. Es wurde erklärt, Jerusalem solle wiederum zur Hauptstadt Israels werden, doch die Stadt wurde geteilt. Die westliche Stadthälfte gehörte den Juden und die östliche Hälfte stand unter Kontrolle der Jordanier, wie auch der Ölberg, der Garten Gethsemane, das Kidrontal, der Tempelberg und die Klagemauer.

Mitten durch die Stadt verlief eine riesige Zementmauer mit Stacheldraht, welche als „Niemandsland" bezeichnet wurde. Das Hauptproblem für diejenigen von uns, die biblischer Prophetie als Leitfaden folgen, bestand darin, dass die heiligste Gegend Israels – der Berg Zion – jenseits des „Niemandslands" lag. Dies bedeutete, das prophetische Wort aus Psalm 102 würde sich erst zu einem anderen, künftigen Datum erfüllen.

Während des Sechstagekrieges 1967 vereinigte Israel die Altstadt von Jerusalem. Man riss die Zementmauer zwischen Ost und West herunter. Jetzt besitzt Israel eine ungeteilte Hauptstadt, einschließlich des Zionberges.

Von Juni 1967 bis Juni 2007 sehen wir den Abschluss eines 40-jährigen Ablaufs. Ich glaube bestimmt, dass diese Generation, die Jerusalem wieder vereint gesehen hat, die Generation ist, die nicht vergehen wird, bis sich alle Dinge erfüllt haben. Diese Generation, welche den Aufbau Zions erlebt hat, ist die Generation, die Jesu Erscheinen sehen wird. Wir befinden uns in einer höchst prophetischen Zeit, die mit keiner anderen Zeitperiode, welche die Welt jemals erfahren hat, verglichen werden kann.

In diesem Zusammenhang erleben wir dazu in unserer Generation die Erfüllung des dritten und des siebten Tages. Israel ist jetzt eine Nation mit Jerusalem als Regierungssitz. Diese Generation wird erleben, wie sich Prophetie beschleunigt erfüllen wird. Gerade jetzt, wo ich sitze und schreibe, versuchen Weltmächte, Jerusalem zu teilen und wir werden zunehmend erleben, wie sich die Schrift während unseres Lebens so mehr und mehr erfüllt.

## Die Tage des Messias

Interessanterweise sagt der Herr in Lukas 20 etwas über diese Zeit, in der wir uns befinden. Bei meinen Studien über *den siebten Tag* fand ich einige sehr aufschlussreiche historische Leckerbissen. Jüdische mündliche Überlieferung hat mich schon immer fasziniert, denn sie gibt Einsicht und Offenbarung in das Herz Gottes. Die Juden haben seit jeher das Verständnis, dass Gott Adam, unserem Vater, nur eine sechstägige Dienerschaft auf Erden gegeben hat. Diese Einsicht haben sie von Generation zu Generation weitergegeben. Auch heißt es im Talmud: *„Die Welt, wie wir sie kennen, wird 6.000 Jahre lang bestehen. Die ersten 2.000 Jahre wird Chaos herrschen. Die zweiten 2.000 Jahre werden als die Jahre der Thora bezeichnen und die letzten 2.000 Jahre werden das Messianische Zeitalter beinhalten.“*[2]

Ist es nicht interessant und bedeutsam, dass Ereignisse die Übergänge von einem 2.000-jährigen Zyklus zu einem nächsten kennzeichnen? Die ersten zwei Tage (die erste 2.000-Jahresspanne) werden als Tage der Gesetzlosigkeit betrachtet. Mit anderen Worten, von der Erschaffung Adams bis dahin, dass Abram Ur in Chaldäa verließ, bestand Chaos. Sünde herrschte. Der Bund mit Adam war in Kraft, wurde aber von den Nationen abgelehnt. Deshalb erwählte der Herr Abram, um mit ihm einen Bund zu gründen und seiner Schöpfung Ordnung zu bringen.

2 Michael L. Rodkinson, ed., trans, New Edition of the Babylonian Talmud, Volumes I-X. (1903).

Die nächsten zwei Tage, oder 2.000 Jahre, waren die Tage der Thora, bzw. des Gesetzes. Dies bringt uns von der Geburt Isaaks (die verheißene Nachkommenschaft) bis zur Geburt Jesu (der verheißene Nachkomme). Die dritte und letzte Spanne umfasst die Zeit von der Auferstehung Jesu bis zum heutigen Tag. Seit meiner Errettung mit 14 Jahren habe ich mich oft gewundert, warum die Schrift im Neuen Testament immer von den „letzten Tagen" spricht. Damit werden die Tage des Messias Jesus bezeichnet, welche sechs Tage oder 6.000 Jahre vervollständigen.

Hippolytus, ein früher Kirchenlehrer (170-236 nach Christus) schrieb: *„Und 6.000 Jahre müssen vollendet werden, damit der Sabbat kommen kann, die Ruhe, der heilige Tag, an dem Gott von all seiner Arbeit ruhte ..."*

## Prophetische Übergänge

Andere Kirchenväter glaubten, die Geschichte Elias gäbe einen weiteren Hinweis auf die 6.000-jährige Dienerschaft der Menschen auf der Erde. In 1. Könige 19:18 heißt es:

**Aber ich habe 7.000 in Israel übrig gelassen, alle die Knie, die sich nicht vor dem Baal gebeugt haben, und jeden Mund, der ihn nicht geküsst hat.**

Dieses ist faszinierend: man glaubte, weil Elia vor dem großen und schrecklichen Tag des Herrn kommen muss (siehe Maleachi 3:23), würden die 7.000 Propheten darauf verweisen, dass der Tag des Herrn am Ende der 6.000-jährigen menschlichen Verwaltung der Erde käme, oder zu Beginn des siebten Jahrtausends. Zu dieser Zeit wird der Herr eine königliche Regierung auf Erden aufrichten, eine tausendjährige Herrschaft Christi, in der Er für 1.000 Jahre regieren und herrschen wird. Da die Regierung

Christi, über die in Offenbarung 20:4 gesprochen wird, eintausend Jahre anhält, können die 1.000 Jahre nach Gottes Sicht wie ein Tag betrachtet werden (siehe 1. Petrus 2:8). Dieser eine Tag, bzw. dieses eine Jahrtausend bezieht sich auf den *Tag des Herrn.* Da über die tausendjährige Regierung als eine Zeit der Ruhe und des Friedens gesprochen wird, können wir den Bezug zum siebten Tag der Schöpfung erkennen, an dem Gott ruhte.

Wir befinden uns gerade jetzt am Übergangspunkt vom sechsten in den siebten Tag, an dem Gott die verheißene Erfüllung dieser Prophetie in den Herzen und Sinnen Seines Volkes in der ganzen Welt freisetzt. Wohin wir auch reisen, finden wir Menschen mit einer „göttlichen Unzufriedenheit" vor. Sie wissen, dieses ist eine sehr unheilvolle und prophetische Zeit, mit tiefgreifender Vorhersehung, zu welcher jeder Gläubige von Gott berufen wurde.

Im Neuen Testament gibt es ein Gleichnis, welches sich auf diesen 6.000-jährigen Terminplan und seiner Erfüllung bezieht. Dieses Verständnis war dem jüdischen Denken so gegenwärtig, dass Jesus ein Gleichnis lehrte, was auf diesem Prinzip der 6.000-jährigen Dienerschaft basierte. In Lukas 20:9-16 erzählt Jesus den Menschen dieses Gleichnis:

> **Ein Mensch pflanzte einen Weinberg und verpachtete ihn an Weingärtner und reiste für lange Zeit außer Landes. Und zur bestimmten Zeit sandte er einen Knecht zu den Weingärtnern, damit sie ihm von der Frucht des Weinbergs gäben; die Weingärtner aber schlugen ihn und schickten ihn leer fort. Und er fuhr fort und sandte einen anderen Knecht; sie schlugen auch den und behandelten ihn verächtlich und schickten ihn leer fort. Und er fuhr fort und sandte einen dritten; sie aber verwundeten auch diesen und warfen ihn hinaus. Der Herr des Weinbergs aber sprach: Was soll ich tun? Ich will meinen geliebten Sohn senden; vielleicht, wenn sie diesen sehen, werden sie sich scheuen. Als aber die Weingärtner ihn**

**sahen, überlegten sie miteinander und sagten: Dieser ist der Erbe; lasst uns ihn töten, dass das Erbe unser werde. Und als sie ihn aus dem Weinberg hinausgeworfen hatten, töteten sie ihn. Was wird nun der Herr des Weinbergs ihnen tun? Er wird kommen und diese Weingärtner umbringen und den Weinberg anderen geben. Als sie aber das hörten, sprachen sie: Das sei fern!**

Dieser Text findet zweifache Anwendung: Erstens spricht Jesus über Israel und die Heiden. Gott gab Abraham den Bund der Verheißung für das jüdische Volk, aber sie haben Seine Propheten getötet und abgelehnt und planten den Sohn zu kreuzigen. So würde Er diese Verheißung, den Weinberg und das Wort Gottes anderen Winzern, den heidnischen Nationen, bis zur Erfüllung der Zeit übergeben.

Zweitens bezieht sich die Schrift auf das Bild der sechs Tage, an denen Adam auf dieser Erde regieren und herrschen sollte, bis zum siebten Tag, wenn Gott der Vater zurückkommen und Sein Königreich durch Jesus, den Messias, begründen würde. Genau hier befinden wir uns jetzt: in einer Periode des Übergangs. – Dies ist eine außergewöhnliche Zeit!

Jesus sprach mit der samaritischen Frau am Brunnen und offenbarte prophetisch ihr ganzes Leben. Sie ging in die Stadt zurück und erzählte jedem, was geschehen war. Dann führte sie ganz Samaria zu Jesus. Er blieb dort zwei Tage, und am dritten Tag ging Er zurück zu Seinem Volk, Israel (siehe Johannes 4). – Dies ist noch ein weiteres Bild für die Erfüllung der Zeit in unserer Generation.

Derzeit findet ein bemerkenswertes Erwachen in Israel statt: die Augen werden für die Wahrheit der Evangelien von Jesus geöffnet! Sie werden Ihn erkennen, den gekreuzigten Messias. Tausende Juden haben gerade jetzt eine übernatürliche Begegnung mit Jesus und gelangen so zur errettenden Annahme Jesu Christi.

## Deutung von Moshes Traum

Hier ein Beispiel von heute: Ein Mann mit Namen Moshe in Tel Aviv war 71 Jahre alt, als sich vor etwa fünf Jahren folgende Geschichte ereignete: Während neunzig Tagen hatte er zwanzigmal genau denselben Traum, und dies beunruhigte ihn sehr. Er war verzweifelt und wusste nicht, was er tun sollte. So ging er zu jedem ihm bekannten Rabbi, denn er war ein sehr frommer Jude. Er hatte ein Geschäft in Tel Aviv und fragte jeden Kunden und jeden Freund: „Kannst du mir sagen, was dieser Traum bedeutet?" Niemand konnte seinen Traum deuten.

Eines Tages kam eine „Marsch für Jesus"-Gruppe die Straße hinunter. Er war so verzweifelt, dass er sogar mit Christen sprechen wollte! So rannte er hinaus, ergriff einen Mann und sagte: „Bitte, mein Herr, können Sie mir diesen Traum deuten?" Der Mann entgegnete: „Das weiß ich nicht, worum geht es in Ihrem Traum?" Moshe erzählte ihm: „In meinem Traum erwachte ich mitten in der Nacht durch einen lauten Trompetenstoß. Als ich zu meiner Haustür lief und sie öffnete, stand dort Gabriel mit einer Trompete an seinem Mund und blies sie. Tausende Menschen wurden in die Luft gehoben. Und dort war ein Mann auf einem weißen Pferd, der hatte eine Krone auf, und ein Schwert kam aus seinem Mund, und auf seiner Brustplatte stand: *Der Eroberer.* Bitte mein Herr, können Sie mir sagen, was das zu bedeuten hat?"

Moshe wusste nicht, dass sein Gegenüber Pastor war. Dieser schlug in seiner Bibel 1. Korinther 15 auf und sagte zu Moshe: „Lies das!" Als Moshe las: *„In einem Nu, in einem Augenblick, bei der letzten Posaune; denn posaunen wird es, werden die Toten in Christus zuerst auferweckt werden …"* (siehe 1. Korinther 15:52), begann er zu tanzen, zu singen und Gott zu loben. Er weinte mitten auf der Straße und sagte: „Genauso war mein Traum!" Dieser Pastor hatte das Vorrecht, Moshe noch an Ort und Stelle zum Herrn zu führen. Seitdem erwartet Moshe jeden Moment den Trompetenklang, der die Gemeinde fort ruft, um allezeit beim Herrn zu sein.[3]

Das ist kein einzelner Vorfall. Es gibt strenggläubige chassidische Rabbiner, die eine Begegnung mit Jesus von Angesicht zu Angesicht hatten, aber der Herr hat ihnen befohlen: „Komm noch nicht hervor, bleib wo du bist, studiere und warte auf meinen Ruf. Ich werde Dir Bescheid geben, wenn die Zeit dafür reif ist. Dann wirst du aufstehen und sagen: „Jesus ist wahrhaftig der Messias." Überall in der Welt ereignen sich Begegnungen wie diese, in einem noch nie da gewesenen Ausmaß. Es gab noch keinen solchen *Tag*.

## Die Verheißung des siebten Tages

Wir befinden uns am siebten Tag – dem Tag, an dem die Juden wieder in ihren eigenen Ölbaum eingepfropft werden – und alles wird miteinander verwoben sein. Du wirst erkennen, es war Jesu Gewohnheit, am siebten Tag zur Synagoge zu gehen und dort zu lehren. Auf diese Weise offenbarte Er sich dem Bundesvolk Gottes. An diesem siebten Tag wird sich Jesus in den Synagogen, in den Tempeln, in Privathäusern, offenbaren. In ganz Israel und in der Welt zeigt sich Jesus Seinem Volk. Die biblische Prophetie erfüllt sich, ob wir es verstehen oder nicht. Sie erfüllt sich, wie wir es nicht zu denken vermögen.

Wir leben in einer tiefgreifenden prophetischen Zeit. Gott setzt alle Hebel in Bewegung. Die Zahl *sieben* wird in der biblischen Numerologie als Zahl von *Ruhe* und *Vollendung* angesehen. Sie verweist auf die Erfüllung einer Bundesverheißung. Auch wird sie als Gottes heilige Zahl verstanden. Zudem wird sie gebraucht, wenn der Herr eine *Vorgehensweise* für einen *Abschluss*, eine *Erfüllung*

---

3 Für weitere Erlebnisse und Heimsuchungen wie diese siehe: Christine Darg, Miracles Among Muslims (Pescara; IT: Destiny Image Europe Publishers, 2007).

oder *eine geistliche Wahrheit* unterstreicht. Jede Bundesverheißung in der Bibel wird sich *an diesem Tag* erfüllen. Wenn Du Dich mit der prophetischen Bedeutung des siebten Tages beschäftigst, wirst Du herausfinden, jede Verheißung wurde früh am Morgen des siebten Tages vollendet und erfüllt. Unsere Generation befindet sich genau inmitten der Erfüllung dieser Verheißungen. Du gehörst zu einer „Endstation"-Generation. Dabei geht es nicht ums Sterben, sondern das Erleben der Erfüllung aller Dinge, die uns Gott versprochen hat. Dieses ist der letzte Akt und der Vorhang für das derzeitige Weltsystem schließt sich.

## Wunder der Henoch-Generation

Judas 14 besagt, Du bist Teil einer Henoch-Generation. Henoch lebte in der siebten Generation seit Adam und wurde samt Körper übernatürlich in den Himmel entrückt. Wir befinden uns heute im siebten Jahrtausend (sieben Tage) seit Adam. So wie Henoch dem natürlichen Tod durch einen übernatürlichen Eingriff des Himmels entging, wird auch diese Generation von Gläubigen eine Überführung in den Himmel erleben, was als „Entrückung" oder „unsere Vereinigung mit ihm"[4] bezeichnet wird. Diese Generation wird die Rückkehr Jesu sehen und den letzten großen Posaunenstoß hören. Ich könnte Dir von Arabern, Muslimen, Juden, Buddhisten, Atheisten und Agnostikern in der ganzen Welt berichten, die Begegnungen mit Jesus von Angesicht zu Angesicht haben. Der Herr sagt ihnen: *„Ich bin der Weg, die Wahrheit und das Leben, folge mir."* Und sie werden auf herrliche Weise errettet.

Gott ruhte am siebten Tag der Schöpfung – nicht wegen Müdigkeit, sondern weil das Werk vollendet war. Höre dies mit einem prophetischen Ohr: Gott beendet Seine Arbeit an diesem Tag nicht aufgrund von Erschöpfung, sondern wegen der Vollendung. Alles, was Er begann, wird an diesem Tag abgeschlossen.

4 Laut Elberfelder Bibel wörtlich: unser Sichversammeln zu Ihm hin.

**Treu ist, der euch beruft; er wird es auch tun.** 1. Thessalonicher 5:24

Er, der ein gutes Werk in Dir begonnen hat, wird es vollenden. Wann? Heute, am siebten Tag! Jede Verheißung, die Du von Gott bekommen hast, wird an diesem Tag zur Erfüllung kommen. Der Abschluss der prophetischen Verheißungen wird keine Jahre dauern, so wie in der Vergangenheit. Prophetische Worte geschehen mit erhöhter Geschwindigkeit, denn es ist das Ende des Zeitalters. Dieses ist die Zeit, welche die Propheten lange herbeigesehnt haben. Sie wünschten, in die Geheimnisse Christi zu schauen, und ihr Verlangen war, den Höhepunkt und die Erfüllung ihrer einzelnen prophetischen Worte zu erleben.

Eine mir von Gott aufgetragene Herausforderung ist das Studium über die Versetzung/Entrückung durch Glauben, und dafür in unserer Generation zu glauben. (Ich mag es, mich dabei auf einen „Philippus-Express" zu beziehen, gegründet auf der Geschichte in Apostelgeschichte 8.) Wir haben einige Erfahrungen damit gemacht und Gott hat uns bezüglich dieses Themas immer tiefer in das Wort hineingeführt.[5] Weiterhin glaube ich, dass in den nächsten Jahren diese Art der übernatürlichen Erfahrung mehr zur Norm wird, als dass sie Ausnahme bleibt. Dies glaube ich von ganzem Herzen. Der Herr hat dies nicht nur zu mir gesprochen, sondern zu vielen anderen, die wir während unserer Reisen in die verschiedenen Länder getroffen haben. Ich glaube, ein Hauptgrund für den Herrn, dem Leib Christi dieses Wunder zuteilwerden zu lassen, ist die Kürze der Zeit und die Zahl der Aufgaben, die wir für unseren König vor Seiner Rückkehr zu erledigen haben. In einem Moment magst Du plötzlich in Jerusalem, Judäa, Samaria oder den äußersten Enden der Erde sein und dann zum Abendessen wieder pünktlich zu Hause. (Außer natürlich, Du wünscht in einer anderen Nation zu Abend zu essen.)

5 Davon berichte ich in meinem Buch „Ein-Blick in die Herrlichkeit", ReformaZion Media, 2014.

Es ist der letzte Tag, der letzte Moment der Geschichte und Du hast eine außergewöhnliche Bestimmung. Falls Du denkst, Du seist ein Unfall, entehrst Du Gott. Du bist kein Unfall und nicht aufgrund eines Fehlers hier. Du bist hier, weil Du eine göttliche Absicht und eine Berufung hast. Du wirst eine Bewegung Gottes erleben, die völlig anders ist, als was die Welt jemals erlebt hat. Du wirst es nicht nur sehen, Du wirst daran teilhaben. Auf diesen Moment hat die ganze Schöpfung gewartet: die Stunde, in welcher die reifen Söhne Gottes offenbar werden.

# 2

# Heiligung und Hingabe

Die Zeit ist vorbei, Gemeinde nur zu spielen und fortwährend herauszufinden, was diese tun und wie sie sprechen sollte. Es ist an der Zeit für uns, die Gemeinde zu sein. Wir müssen jetzt erkennen, wir sind dafür bestimmt – geheiligt –, die Werke des Vaters zu tun. Dies kann nur durch unsere vollständige Auslieferung an Ihn geschehen, was den Eingang zur Ruhe bedeutet.

Nicht alles, was in der Vergangenheit getan wurde, war falsch – beim besten Willen nicht. Wir haben von Gott gegebene Gaben und Werkzeuge benutzt und nach bestmöglichem Verständnis gehandelt. Trotzdem setzt der Herr heute größere Offenbarung und Einsicht frei, damit wir uns in etwas hineinbewegen können, was die Welt noch nicht gesehen hat.

An diesem siebten Tag sehe ich uns an eine Stelle in unserem Leben kommen, von der Paulus etwa sagte: *„Ich lebe nicht länger aus meinem Glauben, sondern ich lebe im Glauben des Sohnes Gottes“* (siehe Galater 2:20).

Es ist Zeit, unser bisheriges Verständnis von Glauben wie auch unsere eigene menschliche Fähigkeit, an Gott festzuhalten, hinter uns zu lassen. Vielmehr müssen wir auf fleischliche Versuche, geistlich zu sein, verzichten und dahin kommen, wo unser eigenes Vorgehen und unser Leben in Christus verborgen werden. So wie die Apostel müssen wir mit Christus gestorben und begraben sein und durch den Glauben des Sohnes Gottes leben, statt durch unseren eigenen ärmlichen Glauben. An diesem Ort ist nichts unmöglich. *Nichts!* – In Johannes 14:12 sagte Jesus:

**Wer an mich glaubt, der wird auch die Werke tun, die ich tue, und wird größere als diese tun, weil ich zum Vater gehe.**

Bemerke, die Schrift sagt: „die Werke, die ich *tue*", nicht, „die Werke, die ich *tat*". Weißt du, dass Jesus zwei Aufgaben im Himmel hat? Die erste ist, uns als Bräutigam einen Wohnort vorzubereiten. Jesus sagte: *„Ich gehe, euch eine Stätte zu bereiten."* (Johannes 14:2). Er ist der Bräutigam, der ein Haus für Dich vorbereitet. Zweitens leistet Er Fürbitte und steht für uns vor dem Vater ein. Er lebt für immer, um sich für uns zu verwenden (Hebräer 7:25). Die Schrift sagt uns nur von diesen beiden Dingen, die Jesus heute tut: Er bereitet für Dich einen Platz und Er leistet Fürbitte für Dich. Wollen wir Seine Werke tun, müssen wir Ihm einen Platz bereiten und ausreichend hingegeben sein, uns so in Fürbitte zu verwenden, wie Er es sich von Herzen wünscht.

Vor nicht langer Zeit fragte mich der Herr, ob ich willens wäre, Ihm meine Zunge zu überlassen, damit Er beten könne, um die Absichten Gottes auf dieser Erde freizusetzen. Als ich Ihm meinen Willen in dieser Angelegenheit unterordnete, bemerkte ich, dass ich zu Zeiten in Fürbitte hineingenommen wurde. Buchstäblich betete ich tagelang im Geist, bis mich der Herr entließ.

Welchen Platz möchte Er von Dir bereitet haben? Es ist Dein Herz. Lebt Er in Dir, der alle Schöpfung gemacht hat, dann kannst Du die Werke, die Er tat, ebenfalls tun!

**Wahrlich, wahrlich, ich sage euch: Wer an mich glaubt, der wird auch die Werke tun, die ich tue, und wird größere tun, weil ich zum Vater gehe.** Johannes 14:12

Wir haben ein bisschen davon verstanden, weil wir die Macht unserer Worte kennen. Wenigstens behaupten wir dies. Aber selten tun wir, was wir annehmen zu wissen. Sonst würden die meisten von uns niemals reden! Alles, was Er schuf, wurde durch Sein Sprechen geschaffen, und auf gleiche Weise wurden wir vom Herrn befähigt und beauftragt, ebenso zu handeln – zu erschaffen durch unsere Rede. Wir werden eine Freisetzung kreativer Wunder erleben, welche die Welt in Erstaunen versetzen wird. Ich meine nicht nur kreative Wunder in unseren physischen Körpern; ich denke an kreative Wunder in der Natur, welche die Welt aufmerken und Beachtung finden lassen. Frage Dich selbst: „An was glaube ich?" Der Herr hat mich immer wieder herausgefordert, für etwas zu glauben, das ich bis dahin weder gesehen noch davon gehört hatte.

Einige sind damit zufrieden durchzuhalten, bis Jesus kommt, um dann verschwinden zu können, bevor die Schwierigkeiten sie überwältigen. Aber es gibt eine wachsende Anzahl Gläubiger, die danach hungern, mehr als nur eben gerade den Status Quo der heutigen christlichen Erfahrungen zu erleben.

Viele waren in der Lage, Seine Verheißungen zu empfangen, haben sie aber nicht in Besitz nehmen können. Wir haben ausgesagt, was wir glauben und sogar, was das Wort über uns erklärt, und trotzdem scheinen viele der Verheißungen Gottes schwer fassbar und unerreichbar für uns. Warum? Ich glaube, dies geschieht, weil die Gemeinde als Ganzes nicht reif genug ist, um angemessen mit der Freisetzung vieler biblischer Verheißungen umzugehen. Die Drei *(dritter Tag)* ist die Zahl der Vollendung und Reife; die Sieben (siebter Tag) ist die Zahl der Vollendung, der Erfüllung der Bundesverheißungen und der Ruhe.

In dieser Zeit findet ein Übergang im Leib Christi statt, wo ein Maß von Reife hervorkommt, das im gesamten Leib noch nicht dagewesen ist; eine Vollendung der Pläne und Absichten Gottes geschieht. Was Er in Dir begann, wird Er vollenden. Diese Verheißung gilt jetzt, nicht nur für die Ewigkeit!

## Eins werden … mit dem Vater

Was immer wieder in meinem Geist erklingt ist, was Jesus in Johannes 10:30 sagte:

**Ich und mein Vater sind eins.**

Diese Aussage hat mich nicht mehr losgelassen; beständig habe ich gefragt: *„Herr, wie sieht das aus?"* Wir sehen es in den Evangelien niedergeschrieben, aber wie geschieht die dazugehörige Umsetzung im Leben eines Gläubigen? Eine Facette dessen ist Sein Ruf an den Ort der Innigkeit mit beiden – Jesus und dem Vater – wo wir mit der Gottheit *eins werden.* Wir haben ein entsprechendes Bild in Christus gesehen, der die Verkörperung des Vaters auf der Erde war. Dennoch gibt es eine Kluft zwischen dem, was wir wissen und empfinden, und dem, worin wir uns tatsächlich bewegen. An diesem siebten Tag, dem Tag der Ruhe und Vollendung, werden wir *erkennen,* was es bedeutet, dem Vater und dem Sohn gänzlich übereignet zu sein, ohne jeglichen Vorwand und religiöse Stützen – eine vollkommene Entkleidung von unserem fleischlichen, weltlichen Verlangen und eine komplette Einheit in der Ruhe mit Ihm.

Kannst Du Dir eine ganze Gemeinschaft von Gläubigen vorstellen, die tatsächlich sagen: „Ich und mein Vater sind eins!" In Bezug auf unseren Stand trifft das zu, denn Er ist in uns, und wir sind in Ihm. Doch wir treten in unserem Leben bisher nicht in die Fülle dieser Offenbarung ein. Das Leben vieler in der Gemeinde gleicht eher der Hölle, dennoch sagen sie: „Wir werden in den Himmel gehen."

## Vier göttliche Handlungen

Es sind vier göttliche Handlungen, die dem Werk Gottes am siebten Tag deutlich zugerechnet werden können. Die ***erste*** ist, dass Gott Seine Arbeit beendete. Dort war Vollendung und

Vollkommenheit. Höre dies noch einmal – vernimm es mit einem prophetischen Ohr: Es gibt vier göttliche Handlungen, die im Leben jedes einzelnen Gläubigen, in der gesamten Gemeinde, in der Welt und in der gesamten Geschichte und der ganzen Schöpfung an diesem *siebten Tag* geschehen. Vier göttliche Handlungen. Die erste Handlung war, Gott beendete Sein Werk. Er sagte: *„Es ist vollbracht."* (Johannes 19:30) Schon können wir die Ziellinie sehen.

***Zweitens*** ruhte Gott. Er beendete all Seine Anstrengungen. Eine Anstrengung spricht von Schweiß, der Arbeit des Fleisches, und davon, eher etwas zu tun, als etwas zu sein. In unserem weltweiten Dienst haben wir vermehrt Berichte gehört, wie Menschen zu göttlicher Ruhe gelangt sind. – Jesus sagte: *„Die Werke, die ich tue, kannst du auch tun"* (siehe Johannes 14:13).

Dann sagt der Herr: *„Ich tue nur das, was ich den Vater tun* ***sehe***" (nach Johannes 5, Vers 19). Als ich dies las, sagte ich: „Mann, bin ich blind gemacht worden." Buchstäblich! Erkenne, es ist unser Geburtsrecht *zu sehen.* Jesus sagte: *„Was ich tun kann, kannst du tun, und ich tue nur das, was ich* ***sehe.***" Ich möchte Dir eine Erklärung über *Ruhe* aus meinem Leben und meiner Erfahrung geben.

Ich habe viele Gottesdienste besucht, in denen ich offene Visionen der Gegenwart von Engeln sowie vom Herrn Jesus selbst hatte. Manchmal, wenn Menschen zum Gebet kamen, sah ich schon die Antwort, noch bevor ich beten konnte. Eine solche Begebenheit ereignete sich 2007 in einem Gottesdienst in Kettle Falls, Washington. Ein Mann kam zum Gebet nach vorne. Er wollte von Lungenkrebs im Endstadium geheilt werden. Wir kannten diesen Mann und hatten schon verschiedentlich für ihn und sein Befinden gebetet. Auch andere aus dem örtlichen Umkreis hatten dies schon getan. Als mir dieser Bruder sein Gebetsanliegen erklärte, sah ich, wie ein Engel mit einer silbernen Schale von hinten die

Gemeinde betrat und auf ihn zuging. Während ich auf den Herrn wartete, um zu sehen, auf welche Art Er durch Seinen Botschafter wirken würde, sah ich den Engel in die Brusthöhle dieses Mannes greifen, und ich hörte und sah, wie er eine große dunkle Masse von verwestem Fleisch herauszog. In „bester Klangqualität" vernahm ich den saugenden Ton und das Klatschen, als er den Klumpen in die silberne Schale schlug. Dann schaute mich der Engel an, ging wieder zum hinteren Raum, und ich sah, wie er die Masse hinauswarf. Er nickte mir zu und ging fort.

Ich erzählte dem Mann, was ich gesehen hatte und sagte: Ich muss jetzt nicht mehr für Sie beten; ich werde nur mit dem übereinstimmen, was ich den Herrn tun sah." Er glaubte dem Wort; am folgenden Dienstag suchte er seinen Arzt auf, und nach einigen Untersuchungen wurde er als frei von Krebs befunden.

Das ist Ruhe! Das ist wahre Ruhe. Es benötigt keine menschliche Anstrengung. Du musst dies nicht anregen, anstoßen oder ausdenken. Du stimmst nur mit dem überein, was der Herr tut, und falls Er nichts tut, setzt Du Dich hin und bist ruhig. Nach dem Wort zu handeln, hat seinen Platz; das verneine ich nicht. Was ich sagen will, ist: Wir gelangen in einem solchen Ausmaß in eine Zeit der Wechselwirkung mit dem übernatürlichen Raum, dass wir dem Beispiel Jesu anhaften und fähig sind zu tun, was wir sehen oder hören.

Ich glaube inständig, eine neue und radikale Gemeinde tritt hervor und bringt Freisetzung auf diese Erde. Diese Gemeinde wird so in Gott verliebt, so mit Seinem Herzen und Charakter verschmolzen sein, dass sie gar nichts tun wird, ohne zuvor Gottes Wirken gesehen zu haben. Sie wird so kühn wie Löwen sein, so weise wie Schlangen und so sanft wie Tauben. Sie wird nicht sagen: „Das sieht wie eine gute Idee aus, wir versuchen das. Auf diese Art haben wir immer Gemeinde gespielt." Nein. Sie wird nur sagen: „Herr, ich lasse von all meinen Werken. Was tust Du?"

So wie in der Vergangenheit werden wir durch Schwester *Verdrehung* und Bruder *Reizbar* versucht werden, die in ihrem religiösen Eifer und ihrer Ruhelosigkeit sagen werden: „Was ist das denn für eine Art von Gemeinde? Wir müssen etwas tun." Weil unsere Herzen und unser Sinn in dieser Zeit auf Ihm bleiben, werden wir uns nicht in Fleischlichkeit hineinbewegen, wir bleiben in der Ruhe. Wir müssen nur unsere eigenen Werke beenden, zur Ruhe kommen und auf Gott warten.

***Drittens*** segnete Gott den siebten Tag. Der Vater spricht aus Seinem Herzen in diesen Tag, in Dein Leben, in diese Generation und in diese Zeit der scheinbaren Ungewissheit hinein. Der Herr spricht Segen in diese Generation, wie in keine andere. Dies ist die Stunde, in der wir erleben werden, wie uns die Segnungen Abrahams erfassen werden. Du wirst nicht geben *müssen*, um zu empfangen. Geben wird eine Herzensangelegenheit und eine Freude sein. Wir werden verstehen, dass wir nicht mehr als Verwalter sind. All unsere Habe gehört Ihm. Sie gehört nicht in erster Linie uns. Falls Er sagt, verschenke Dein Haus, werden wir sagen: *„Herr, dies Haus gehört Dir, wem möchtest Du, dass ich es gebe?"* Es wird nicht so sein: *„Ach, du meine Güte, wo werde ich wohnen? Was werde ich tun?"* Nein, wir werden sagen: *„Ja, Herr."* Das bedeutet Ruhe: zu wissen, mein Vater wird sich um mich kümmern.

Weißt du, was einige an diesen Ort der vollständigen Ruhe führen wird? Wir werden sehen, was Er für uns vorbereitet hat. Du wirst diese Welt anschauen, und was sie zu bieten hat – all ihren Pomp und Plunder, all ihren *Schein* –, und Du wirst sagen: „Das interessiert mich nicht mehr." Warum? Weil Du erkennen wirst, was der Herr für Dich vorbereitet hat. Und diese Welt wird nicht länger Deine Empfindungen und Wünsche beherrschen.

**Doch nie sah ich einen Gerechten verlassen, noch seine Nachkommen um Brot betteln.** Psalm 37:25

Niemals habe ich gesehen, wie Gott mit Seinen Bundessegnungen geizte, wenn wir Ihm vertrauten und in Ihm ruhten. Niemals hat Gott denen Gutes vorenthalten, die in Lauterkeit wandeln (siehe Psalm 84:11). Er ist nicht kleinlich und tut so etwas nicht. Wir befinden uns in der Zeit der Freisetzung der himmlischen Reichtümer für jene, die danach verlangen, dass Sein Königreich komme und Sein Wille geschehe. Gott spricht Segen über diese Generation, und dieser wird uns einholen. Lass das in Deinem Herzen jetzt widerhallen. Die Segnungen Gottes werden Dich einholen, Dich überwältigen, und Du wirst sie nicht fassen können! Wir müssen uns daran erinnern: Wir sind Teil eines Königreiches, das unerschütterlich ist! Lebe Dein Leben nicht auf Grundlage der beständigen Nahrung von Fernsehnachrichten. Gründe Dein Leben auf Gott und Seinem Wort!

An diesem Tag wirst Du Segen ernten, wo Du nie gesät hast. Warte es nur ab! Es hat schon angefangen, denn dies ist der Bund mit Abraham, und der verheißene Segen wird diese Generation einholen.

***Viertens*** heiligte Gott den siebten Tag. Er sonderte ihn ab und weihte ihn Seinem Vorhaben. Der Herr wird das angefangene Werk in Dir vollenden. Er wird Dich in dieser Generation und zu dieser Stunde an einen Ort der Ruhe führen. Der Herr wird Dich so sehr segnen, dass Du es fast nicht aushalten kannst. Dann wird Dich der Herr heiligen und Dich absondern, denn Du hast eine göttliche Bestimmung in dieser Generation. Er arbeitet schon an Deinem Inneren und wird es vollenden, damit Du Deine Berufung erfüllen kannst.

## Zeiten der übernatürlichen Erfrischung

So beendete Gott das Schöpfungswerk am siebten Tag nicht wegen Müdigkeit, sondern weil es fertig war. Er hatte Seine Arbeit abgeschlossen und war erfrischt. Es gibt Zeiten der

Erfrischung, die aus der Gegenwart Gottes kommen. Das war niemals zutreffender, als zu dieser Stunde, an diesem Tag. Wie sieht die Erfrischung vom Herrn aus? Es ist eine „Aufbauspritze" vom Leben Gottes hinein in unsere sterblichen Leiber, die diese erquickt. Es ist die gleiche Infusion der übernatürlichen Kraft, welche Elia erfuhr, als er schneller als der Wagen Ahabs lief (siehe 1. Könige 18:46). In dieser Weise verlieh die vom Engel gebrachte Nahrung Elia übernatürliche Stärke, um 40 Tage lang bei voller Kraft zu laufen (siehe 1. Könige 19:5-8). Wir werden ebenso Wagen überholen, Kriegsvolk zerschlagen oder über eine Mauer springen. Über unsere natürlichen Fähigkeiten hinaus werden wir Heldentaten für Gott vollbringen.

**Aber das Volk, das seinen Gott kennt, wird sich stark erweisen und entsprechend handeln.** Daniel 11:32

Gott der Vater hat uns mit einer Absicht und einem Ziel erwählt. Allein diese Tatsache sollte uns überwältigen. Erinnere Dich an den Sportunterricht in der Schule, in dem Mannschaftssport getrieben wurde. Der Lehrer wählte zwei Mannschaftsführer, und diese wiederum stellten ihr zukünftiges Team zusammen. Kannst Du Dich an Deine Glücksgefühle erinnern, wenn Du manchmal von dem Team ausgewählt wurdest, von dem Du wusstest, es wird gewinnen? Genauso erwählte Dich der Herr, und Du bist Seine erste Wahl, für Sein A-Team! Wie weiß ich das? Schon vor Gründung der Welt hatte Gott Dich für diesen Tag im Sinn, diesen letzten Durchgang mit folgendem Ziel: Du sollst die Vollendung und den Abschluss von allem, was Er seit Beginn der Zeit angefangen hat, sehen und daran teilhaben. Das ist Deine Bestimmung!

**Es ist ein Zeichen zwischen mir und den Söhnen Israel für ewig. Denn in sechs Tagen hat der HERR den Himmel und die Erde gemacht, am siebten Tag aber hat er geruht und Atem geschöpft.** 2. Mose 31:17

Männern und Frauen wurde ebenso aufgetragen, sich am siebten Tag auszuruhen und zu erfrischen. 6.000 Jahre lang haben wir versucht, die Pläne, Ziele und die Bestimmungen, die Gott für unsere Leben hat, mit unseren eigenen Stärken und unseren eigenen fleischlich begrenzten Sinnen zu bewältigen. Manches davon wurde geistlich getan, anderes aber fleischlich. In dieser Vermischung findet man niemals die Fülle, die Gott auf dieser Erde freizusetzen wünscht. Fleisch und Geist sind wie Öl und Wasser; sie vermischen sich nicht, selbst wenn man sie schüttelt. Aber jetzt sind wir in eine Zeit eingetreten, wo Gott jene Substanz freisetzen wird, die Ruhe genannt wird. Gott wird dieses übernatürliche Pfand der Ruhe in uns hinterlegen, damit wir fähig sind, unsere eigenen Werke niederzulegen und uns vollkommen auf Ihn zu verlassen.

## Die Strecke laufen

Auf der Highschool war ich Langstreckenläufer. Ich liebte es, zu laufen! Ich rannte Meilen über Meilen, meistens kamen 110 Meilen pro Woche zusammen. Jedes Mal war es ein Rennen, entweder über eine Meile oder zwei Meilen (irgendwie lag mir die Zwei-Meilen-Strecke besser). Ich kam an der letzten 440-Yard-Markierung vorbei und wusste, vor mir lag die Ziellinie. Für jede letzte Kraftreserve und Ausdauer, die ich aufbringen konnte, schöpfte ich tief. Ich erinnere mich, so manches Mal gedacht zu haben: „Ich weiß nicht, ob ich dies schaffe; ich werde ohnmächtig oder sterbe oder so etwas." Befindest Du Dich aber in einem Wettkampf, schöpfst Du tief, denn Du siehst die Ziellinie und machst weiter, bis Du diese Ziellinie überquert hast. Genau dort sehe ich die Gemeinde jetzt: Wir sind in Sicht der Ziellinie und müssen tief graben für jede letzte Reserve, die wir aufbringen können, um weiter auf diese Ziellinie hinzulaufen. Um die Ziele Gottes für diese Generation durchzusetzen, müssen wir uns sowohl selbst, wie auch unsere eigenen selbstsüchtigen Pläne, aufgeben.

Es ist Zeit, tief zu graben und all das aufzuwenden, was in Dir ist – all die Leidenschaft, all das Feuer, all die Liebe, all die Hoffnung, all die Freude, alles, was Gott in Dir angelegt hat – grabe tief und bringe es an die Oberfläche. Die Ziellinie ist in Sicht. Es ist nicht die Zeit zurückzuhalten, sich in unserer „gesegneten Gewissheit" zurückzulehnen und zu sagen: „Also diesbezüglich bin ich mir nicht sicher." (Für jene, die nicht wissen, was ich damit meine, „sich auf der ‚gesegneten Gewissheit' auszuruhen" – dies ist ein beschönigender Ausdruck für „auf dem faulen Hinterteil zu sitzen"!)

Mein Großvater sagte meinem Vater einst: „Es ist besser, sich nach den Sternen auszustrecken und sie zu verfehlen, als auf den Mülleimer zu zielen und zu treffen." Damit will ich sagen: Mache Dich auf! Laufe um Gold! Gib alles, was Du hast!

Hier ist ein weiterer Aspekt der Ruhe: Ich kann dem Vater vertrauen, gleich, ob ich einen Fehler mache oder nicht. Er ist mit mir. Ich bin gesegnet. – Ich möchte Dir eine Überraschung mitteilen: Weißt du, dass es fast unmöglich ist, in Gott zu versagen? Wie weiß ich das? Es gibt nur ein Versagen in Gott, von dem Du Dich nicht erholen kannst: Niederzufallen und unten zu bleiben, anstatt wieder aufzustehen. Zunächst magst Du darin hängenbleiben, an diesem Ort des Versagens im Selbstmitleid zu schwelgen; aber stehst Du wieder auf, schüttelst den Staub von Deinen Kleidern, tust Buße und gehst weiter voran, dann hast Du nicht versagt! Siehst du, nach Gottes Sicht der Dinge ist es nie aus und vorbei! Das Blut Jesu löscht und wäscht diese Sünde fort, und Du bist wieder frei, weiter auf Dein Ziel zu voranzuschreiten. Du hast aus Deiner Erfahrung gelernt, und jetzt gehst Du weiter.

Weißt du, wenn Du in Deinem christlichen Wandel demütig vor Gott bist, kannst Du nicht versagen! Je schneller Du lernst, Buße zu tun und wieder ins Spiel zu gehen, desto mehr bist Du freigesetzt, um das Herz des Vaters zu erkennen und zu verstehen. Hab keine

Angst, Fehler zu begehen. Wenn Du Dich unbedingt fürchten willst (obgleich das Sünde ist), so fürchte Dich davor, nichts zu tun. Fehler bringen Dich nicht um, sich auf der „gesegneten Gewissheit" auszuruhen aber schon. Glaube mir, wenn ich Dir sage: Es gibt keine Faulpelze im Himmel!

Eines der geistlichsten Wörter in der Bibel ist das Wort „kadosh", welches „heilig" bedeutet. Über dieses Wort wird gesagt, dass es vielleicht mehr als jedes andere nicht nur das Geheimnis Gottes vermittelt, sondern auch Seine Majestät. Es trägt enorme Wichtigkeit. Kadosh ist faszinierend zu studieren und solltest Du Dich zum Studium entschließen, wirst Du die verschiedenen Nuancen der Bedeutung herausfinden. Es sollte beachtet werden, dass bei dem ersten Gebrauch von *Kadosh* in der Bibel nicht über eine Örtlichkeit, einen Platz oder sogar eine Person gesprochen, sondern eine *Zeit* beschrieben wird. 1. Mose 2:3 besagt:

**Und Gott segnete den siebten Tag und heiligte ihn.**

Der siebte Tag ist für Gott heilig. Er wurde ausgesondert und geheiligt für Seinen Absichten. Er ist *heilig!*

## Das Gesetz der ersten Erwähnung

In der Bibelauslegung findet sich ein bedeutsames Prinzip, welches das Gesetz der *ersten Erwähnung* genannt wird. Einfach ausgedrückt, bedeutet dies: Seit dem Zeitpunkt, wo etwas erstmalig in der Bibel erwähnt wird, kann man diese erste Erwähnung als Grundlage für die Auslegung aller anderen Schriftstellen anführen, die über das gleiche Thema sprechen. Behält man das im Kopf, wird der erste Gebrauch des Wortes *heilig* oder *Kadosh* noch bedeutender. Der allererste Gebrauch des Wortes *heilig* gilt einem Tag – dem siebten Tag. Jede andere Schriftstelle, die im Zusammenhang mit dem Wort *heilig* steht, weist zurück auf einen bestimmten Tag mit einer klaren prophetischen Bedeutung. Wir könnten durch die ganze Schrift gehen und jede Stelle nehmen, wo das Wort *heilig* verwendet wird und herausfinden, dass es auf etwas im Zusammenhang mit dem siebten Tag verweist, an dem Gott etwas hoheitlich und übernatürlich tut. Oder es wird prophetisch über den Charakter Seines Volkes gesprochen, das in dieser Generation hervorkommt.

Dieser Tag ist für Gott heilig. Ich möchte Dir etwas über Heiligung mitteilen. *Heiligung* ist eine Absonderung von einer weltlichen zu einer heiligen Absicht. Es ist eine Wandlung. Wörtlich bedeutet sie eine Absonderung für Gott – von einem gottlosen, weltlichen oder fleischlichen Gebrauch zu einem heiligen, geistlichen Gebrauch. Dieser siebte Tag in der Weltgeschichte ist ein Tag, der für Gott ausgesondert wurde von einem gottlosen weltlichen Gebrauch zu einem heiligen geistlichen Gebrauch. Das bedeutet, an diesem heiligen siebten Tag wird es eine übernatürliche Invasion vom Raum des Geistes in diese ahnungslose Welt geben. Es ist eine heilige Zeit. Für Gott ist es abgesonderte Zeit, um auf besondere Weise an Seiner Schöpfung zu wirken.

Warum glaubst du, hören wir von so vielen Menschen, die eine Begegnung mit Gott von Angesicht zu Angesicht haben? Es ist ein heiliger Tag. Er ist heilig. Es ist ein Tag der übernatürlichen Wechselbeziehung zwischen Himmel und Erde. Warum erleben wir bei so vielen Christen, dass ihre geheimen Sünden, von denen sie dachten, sie könnten sie verbergen, aufgedeckt werden? Der heilige Gott sagt: „Wir können dieses Sündigen am verborgenen Ort abstellen oder ich werde es in aller Öffentlichkeit aufdecken, aber an diesem Tag wird es geklärt.“ Dieser Tag ist für Gott heilig. Du kannst diesen Tag nicht entweihen und davonkommen. Der Standard für Gottes Volk war immer Heiligkeit (siehe 1. Petrus 1:16). Aber an diesem Tag wird es eine Durchsetzung dieses göttlichen Standards für jene geben, die zu diesem heiligen Tag berufen sind.

Eine Trennung findet statt. Der Herr sagt, dieser Tag ist heilig, und wir sollten ihn besser ebenfalls als heilig ansehen. Warum? Weil *Er* alles vervollständigen wird, was Er in 1. Mose 1 begann. Niemals kann ich in die Fülle meiner Bestimmung eintreten, bis ich die Fülle dessen umarme, was Gott mir geschenkt hat. Ein Bestandteil meiner Berufung ist: Ich soll heilig sein, so wie Er heilig ist. Ich bin dazu berufen, mich von einem gottlosen, weltlichen Lebensstil, der Gott missfällt, zu trennen. Und ich bin berufen, an einen Ort der heiligen Einheit mit Gott zu kommen, wo ich zu all dem werde, von dem Er sagt, ich sei es. Ich kann nicht länger mit der Sünde liebäugeln, noch kann ich mir den Luxus leisten, in Gottes Königreich träge zu sein. Ich muss die Übereinstimmung mit diesem heiligen Gott wählen, der mich dazu berufen hat, so wie Er zu sein, oder ich muss den Abfall und die Gleichheit mit dieser Welt wählen. Egal was, ich muss wählen!

Wie mache ich das? Ich treffe eine Entscheidung. Der Herr lehrte mich Jahre zuvor, würde ich erwählen, mit Seinem Wort in Übereinstimmung zu gelangen, würde Er den Wechsel herbeiführen. Das ist alles, was ich tun kann. Alles andere danach ist Fleisch. „Herr, ich bin bereit. Sei meine *Befähigung*, damit ich Deinen Willen tun kann. Herr, ich habe die Entscheidung getroffen. Ich wähle Dich.“ Jetzt bin ich für Gott aufgestellt, um die Veränderung herbeizuführen. Wir müssen damit aufhören, uns in unserer eigenen Kraft anzustrengen und stattdessen in Ihm ruhen.

**Treu ist, der euch beruft; er wird es auch tun.** 1. Thessalonicher 5:24

In dieser Stunde leben wir, an diesem siebten Tag, der dem Herrn heilig ist. Unsere Aufmerksamkeit und unser Festhalten an dem, was Er zu dieser Zeit sagt, sind erforderlich. Das bedeutet, wir sollten unsere Ohren besser Ihm zuneigen, wenn wir fragen: „Vater, was sagst Du? Was ist in Deinem Herzen? Was tust Du?“

Tu nur das, was Er Dir in dieser Zeit aufträgt! Doch wir übernehmen immer gerne Prinzipien des Wortes, stellen Formeln auf und denken, das Herz Gottes schlage in unseren Handlungen. So etwas nennt man falsche Hingabe an kirchliche Überlieferung. Das Prinzip besteht aber darin: sei vom Geist geführt und bewahre die Regeln des Wortes. Der Grundsatz ist: Gott weckt die Toten auf, Gott heilt die Kranken, deshalb tue etwas durch Glauben! Das ist das Prinzip des Wortes. Lass Dich vom Geist leiten.

Wir finden keine Aufzeichnung einer Angelegenheit, die heilig genannt wird, obwohl Gott sie nicht heilig nennt; und die allererste Erwähnung von Heiligkeit war in Bezug zu einem Tag, einem Zeitpunkt. Es ist der siebte Tag, der heilig ist. Es wurde gesagt, das Wesen des siebten Tages ist die Trennung von der Tyrannei von materiellen Dingen und von der Tyrannei weltlicher Sorge. Wir leben in dieser Welt und müssen Bestimmtes tun und mit dieser Welt umgehen. Ich sage nicht: Geh, wohne auf einem Berggipfel und singe. Was ich sage, ist: Sei nicht so vertieft und beschäftigt mit den Dingen dieses Lebens, dass Du die wichtigeren Dinge Gottes vernachlässigst. Lass uns tatsächlich dem folgen, was der Herr sagt:

**Seht hin auf die Vögel des Himmels. Sie sammeln nicht, sie arbeiten nicht. Sie machen sich keine Sorgen darum, was sie essen werden, wo sie schlafen werden, so wie ihr es tut. Oh, ihr Kleingläubigen, ihr müsst wissen, dass mein Vater sich um all dieses kümmert.**

nach Matthäus 6:26-33

Wir müssen uns an einem Ort bewegen, wo wir uns Gott fügen, denn dies ist Sein Geschäft. Wir tun, womit Er uns beauftragt, und wir vertrauen Ihm, dass Er das tut, wovon Er spricht.

**Ihr seid nicht beengt in uns, sondern ihr seid beengt in euren eigenen Herzen.** 2. Korinther 6:12

Wir müssen uns von der Tyrannei der Dinge und der Tyrannei irdischer Beschäftigungen lösen. Was auch immer Deine Aufmerksamkeit hat, wird Dich begrenzen oder einschränken. Darum sagt die Bibel in Kolosser 3, Vers 2:

**Sinnt auf das, was droben ist, nicht auf das, was auf der Erde ist!**

Sinnt auf das, was droben ist. Warum? Weil Du durch Deine eigenen Neigungen begrenzt wirst! Deshalb sollten wir besser auf die Sterne zielen und treffen! Wahrscheinlich hast Du gutmeinende Menschen sagen hören: „Werde nicht so himmlisch gesinnt, dass du nicht mehr für die Erde taugst!“ Aber die Bibel sagt uns, wir seien „gesetzt an himmlische Orte“. *Je himmlischer gesinnt Du bist, desto brauchbarer wirst Du auf Erden!*

# 3

# Weisheit der alten Rabbiner

Die Lehre der alten Rabbiner über die Bedeutung des siebten Tages bestand immer darin, an unvergänglichen Dingen Teil zu haben und mit dem ewigen Raum in Verbindung zu treten. Auf der ganzen Welt gibt es Millionen von Menschen, die heute darüber sprechen, wie der Himmel die Erde berührt, über Besuche von Jesus, Besuche von Engeln, Manna vom Himmel, Edelsteine vom Himmel und über andere bemerkenswerte Wunder und Manifestationen Seiner Herrlichkeit. All diese Erweise nehmen meines Erachtens deshalb zu, weil Gott diesen siebten Tag abgesondert hat. Er ist heilig, geweiht und verfolgt eine Absicht. Wir werden mehr mit dem Ewigen kommunizieren, als mit dem, was nicht ewig ist.

Eine göttliche Perspektive der Dinge ist für uns zwingend. Jesus sagte in Matthäus 14, Vers 12: *„Die Werke, welche ich tue, sollt ihr ebenso tun."* Nicht: die Werke, die Er getan hat. Dies steht in der Gegenwartsform geschrieben. Wir versuchen immer wieder zu tun, was Er tat. Das hat seinen Platz, denn wir müssen irgendwo anfangen. Aber was wirkt Er heute? Ich weiß, Er geht vom Himmel auf die Erde, um Millionen von Menschen aufzusuchen, ihnen das Evangelium zu predigen und zu sagen: *„Folge mir. Ich bin der Weg, die Wahrheit und das Leben."* (siehe Johannes 14:6) Herr, wenn Du das tun kannst, dann kann ich es ebenso. Warum? Weil Gottes Wort genau das besagt. Wie steht es mit dem Gehen auf dem Wasser? Einige Freunde meiner Frau und mir haben ein Boot, und manchmal fahren wir zusammen auf den Seen in unserer Umgebung. Oftmals sage ich: „Okay, lasst es uns ausprobieren."

Und ich trete aus dem Boot auf das Wasser, um meinen Glauben anzuwenden, genauso wie Jesus und Petrus es taten. Bis heute besteht mein Fortschritt lediglich darin, ein besserer Schwimmer geworden zu sein. Das schreckt mich nicht ab; ich werde mit der Übung fortfahren, denn Übung macht den Meister!

Ich hörte eine Geschichte über einen Evangelisten in Indonesien, der auf dem Weg in den tiefen Dschungel war. Er kam an einem Dorf vorbei und predigte dort das Evangelium. Die Bewohner wurden sehr ärgerlich über diesen Mann und über dessen Gerede von einem fremden Gott. Dämonen versetzten sie in Rage, und so bedrohten sie ihn mit Keulen, Stöcken und Messern. Er begann zu laufen und rannte ohne Überlegung über den See, denn nur so konnte er entkommen! Gottes Mann des Glaubens und der Kraft rief: „Ich bin hier drüben!" Als die Dorfbewohner das sahen, kam die Furcht des Herrn auf sie, und sie sagten: „Den Gott dieses Mannes gibt es wirklich." Gott verfolgte eine Absicht damit, und es brauchte nicht viel Glauben. Die göttliche Absicht wurde erfüllt und das ganze Dorf gerettet.

## Das Geheimnis der Schöpfung

Die alten Rabbiner lehrten auch über diesen siebten Tag, dieser sei eine Zeit, um sich von den Ergebnissen der Schöpfung zu den Geheimnissen der Schöpfung zu wenden, von der Welt, die geschaffen wurde, hin zum Schöpfer der Welt.

**Er aber sprach: Euch ist es gegeben, die Geheimnisse des Reiches Gottes zu wissen ...** Lukas 8:10

Was ist das Geheimnis der Schöpfung? Worum geht es bei diesem Geheimnis, über das wir sprechen? Die Rätsel der Schöpfung wollen manche in der Quantenphysik erlernen. Aber alles, was sie entdecken, steht schon in der Bibel. Sie drücken es in Zahlen aus, aber dies gibt es schon im Wort! Gott setzt am siebten Tag Verständnis über die Geheimnisse der Schöpfung und über alles, was Er gesprochen hat, frei.

Die Schöpfung ist im Wort zusammengefasst. Er hält alles aufrecht durch Sein vollmächtiges Wort. Weißt du, man hat herausgefunden, dass innerhalb des Zellkerns eines Atoms oder des Protons, das, was alles zusammenhält, ein Klang ist! Man hat erforscht, der vereinigende Faktor in all diesem ist ein Ton. Das ist faszinierend, wenn man erkennt, dass Jesus alle Dinge durch das *Wort* Seiner Kraft zusammenhält. Dieser Klang setzt sich fort und hält alles zusammen.

Ein bekannter Physiker erzählte meiner Frau Reshma und mir eines Tages während eines Mittagessens, Forscher hätten herausgefunden, in jedem DNA-Strang sei das alte hebräische Alphabet enthalten. Man nimmt den DNA-Strang und schaut ihn unter einem Mikroskop an und findet das hebräische Alphabet dort eingebaut. Wo finden wir das in der Bibel?

**Im Anfang war das Wort, und das Wort war bei Gott, und das Wort war Gott.** Johannes 1:1

**Und das Wort wurde Fleisch und wohnte unter uns, und wir haben seine Herrlichkeit angeschaut, eine Herrlichkeit als eines Eingeborenen vom Vater, voller Gnade und Wahrheit.** Johannes 1:14

Du bist in Seinem Bild geschaffen. Denk darüber nach: Alles, was die Atome Deines Körpers zusammenhält, ist ein Klang, – Sein Wort, das Er zu Beginn der Schöpfung freisetzte und wie Deine DNA beschaffen ist. Sprichst Du das Wort über Deinem Leben und Deinem Körper aus, reagiert Dein Körper positiv auf dieses Wort. Während Rosch ha-Schana im Jahre 2006 reichte mir der Herr in einer Heimsuchung ein Buch. Ich war begeistert und fragte: „Herr, was ist das für ein Buch?" Er sagte: „Es ist das Buch der Geheimnisse; Offenbarung, die ich für das Ende der Zeit und für die Menschen dieser Generation vorbehalten habe." Weiter erzählte Er mir, dass dieser Generation das Vorrecht gewährt ist, die Enthüllung dieser großen Geheimnisse zu erfahren, und zwar aufgrund der Erfüllung der Zeit und wegen des Zeitabschnitts, in dem wir uns befinden.

Die Rabbiner lehrten, am siebten Tag sei es Zeit, sich in ein Verstehen der Geheimnisse dieser Schöpfung hineinzubewegen. Das bedeutet es, von den Ergebnissen der Schöpfung zu den Geheimnissen dieser Schöpfung überzugehen. Das Buch der Geheimnisse ist Dir gegeben, damit Du die Geheimnisse des Königreiches Gottes verstehst und kennst. Falls wir denken, dieses Buch handelte nur davon, dass Jesus auf die Erde gekommen ist und sein Blut vergossen hat, verpassen wir mehr, als wir uns vorstellen können. Die Bibel entschleiert fortwährend den Charakter und die Majestät Gottes.

## Eine Leidenschaft für Seine Gegenwart

Die Rabbiner lehrten, dass der siebte Tag die ganze Aufmerksamkeit der Menschheit fordert, hin zu einer unbeirrten Hingabe in völliger Liebe für Gott. Wie können wir dies am siebten Tag wahrnehmen? Als wir während der letzten zehn Jahre um die Welt reisten, haben wir die Zunahme eines Hungers und einer Leidenschaft beobachtet. Es gab etwas, das ich eine „göttliche Unzufriedenheit" nenne, die in den Herzen von Gottes Volk geboren wurde, und eine wachsende Leidenschaft nach mehr von Ihm. Diese brennende Leidenschaft im Herzen von Gottes Volk ist ein tiefgreifender Hinweis auf die Dringlichkeit der Stunde und der Zeit, in der wir uns befinden. Warum sage ich das? Die Bibel lehrt uns in Psalm 37:4, wenn wir unsere Lust am Herrn haben, schenkt er uns das Verlangen unseres Herzens. Genau dies hat Er getan, als Er in Seinem Volk eine größere Leidenschaft und ein stärkeres Verlangen nach Ihm hervorbrachte. Wir befinden uns in einer sehr prophetischen Zeit. Noch einmal, die alten Rabbiner sagten, der siebte Tag sei das größte und kostbarste Geschenk, das die Menschheit aus dem Lagerhaus Gottes bekommen hat! Sie behaupten, dass die Ebenbildlichkeit Gottes am siebten Tag gefunden werden kann. Das ist eine Zeit, in welcher die Menschen nicht Dich sehen werden, sondern Jesus in Dir. Die Ebenbildlichkeit Gottes wird an diesem siebten Tag in und auf dem Volk Gottes gefunden werden! Seine Ebenbildlichkeit wird in Dir gefunden werden, denn Deine Leidenschaft und Dein Hunger nach mehr von Ihm hat Dich in die Gegenwart Seiner Herrlichkeit gezogen und dazu geführt, dass wir von Herrlichkeit zu Herrlichkeit wachsen, Stück für Stück, bis Du schließlich durch den erfasst wurdest, der Dich verfolgt hat: der Herr selbst!

Menschen werden Dich anschauen und Jesus in Dir erkennen. Für jene von uns, die begierig danach gestrebt haben, in das Bild Christi zu gelangen, wird diese Zeit eine stetige Veränderung und Leidenschaft für den von uns geliebten Jesus bedeuten. Kein anderes Ziel ist für einen Mann oder eine Frau des Glaubens mehr wert, als zu sein wie Er. Alles andere verblasst im Vergleich hierzu und ist nicht mal wert, erwähnt zu werden. Der Herr wird damit fortfahren, den Grad der Leidenschaft und des Hungers nach mehr von Ihm zu erhöhen, wenn wir uns weiter auf diesen siebten Tag zubewegen. Dies wird mit der größten Ernte enden, welche die Welt jemals gesehen hat – unmittelbar vor der Rückkehr Christi in Sein Eigentum. Die Gelegenheit, all das zu werden, was die Schrift uns in Aussicht gestellt hat, liegt klar vor uns. Die Bibel betont: *„Wie Er ist, so sind wir in dieser Welt.“* (1. Johannes 4:17) Und das Wort ist sehr deutlich: Es sagt nicht, ich kann *manches* durch Christus, der mich stärkt, sondern *„Ich vermag alles durch Christus.“* (Philipper 4:13)

## Vorbereitung für den Bräutigam

Sehr oft in unseren Gottesdiensten veranlasst mich der Herr, eine bestimmte Frage zu stellen, die oberflächlich albern erscheint, aber in Wirklichkeit sehr aufschlussreich ist. Hier die Frage: Wenn Du wüsstest, dass Jesus heute Abend um 21:36 Uhr zurückkäme, würdest Du dann Dein Leben ändern? Falls Deine Antwort „Ja" ist, so wie die Mehrzahl der Menschen antwortet, ist Dein Verständnis darüber, wer Gott ist und was Sein Wort besagt, lückenhaft. Wir sollten uns Seines Erscheinens immer bewusst sein und müssen jeden Tag so leben, als wäre dies genau der Tag Seiner Rückkehr. Genau jetzt sollten wir für Sein Wiederkommen bereit sein! Genau so nah ist Er.

Dieser Tag, sagen die Rabbiner, soll uns dazu bringen, über jenen Ort nachzudenken, über den Raum, wo Gott thront und regiert, genannt Ewigkeit. Während wir damit fortfahren, die Schriften zu studieren, und sehen, wie biblische Prophetie sich vor unseren eigenen Augen erfüllt, sollten unsere Herzen und Sinne immer mehr auf die Nähe und Wirklichkeit Seines ewigen Königreiches gerichtet sein. Strecken sich unsere Herzen tatsächlich danach aus, mit Ihm zusammen zu sein, dann geht es gar nicht anders, als mit sehnsüchtigen Augen in Sein Wort zu schauen. Unser Bräutigam kommt zu uns! – Sprüche 23:7 sagt:

**So wie ein Mann in seinem Herzen denkt, so ist er.** (frei übersetzt)

Gemäß Matthäus 22:37 sollst Du ...

**... den Herrn, deinen Gott, lieben mit deinem ganzen Herzen und mit deiner ganzen Seele und mit deinem ganzen Verstand.**

Das Wort *Verstand* ist im Griechischen das Wort *dianoia* und bedeutet *Vorstellung.* Dieses ist das erste Gebot mit einer

Verheißung. Er bringt uns dazu, dass wir unsere Zuneigung auf Dinge von oben richten, indem wir Bilder vom Königreich des Himmels in unserer Vorstellung formen.

**Ihr habt nicht engen Raum in uns; aber eng ist es in euren Herzen!**

2. Korinther 6:12

Das *New International Dictionary of New Testament Theology* erklärt: „Wird das griechische Wort *dianoia* in Beziehung zum Herzen verwendet, bedeutet es immer Vorstellung.“ [6] – Jesaja 26:3 sagt:

**Bewährten Sinn bewahrst du in Frieden, in Frieden, weil er auf dich vertraut.**

*Yaytser* ist das hebräische äquivalente Wort für *Sinn* und meint Deine „Vorstellung“.

Gott ist so gut. Er sagt, Du sollst aufhören, über Dinge von unten nachzudenken und beginnen, über Dinge von oben nachzudenken (siehe Kolosser 3:2). Er gab uns Beispiele, um uns zu lehren, wie wir unsere Vorliebe, unsere Vorstellungen, unsere Sinne auf die Dinge von oben setzen, denn auf was Du siehst, das bekommst du. Auf was Du fokussierst, mit dem wirst Du verbunden. Ist die Verbindung hergestellt, geschieht Aktivierung.

## Ein Schloss in der Zeit

Einige jüdische Theologen sagen, der siebte Tag wird als *Schloss in der Zeit* bezeichnet. Sie argumentierten, er sei nicht so sehr ein erfahrbarer Tag, sondern eine wahrnehmbare Atmosphäre.

---

6 S. Ferguson, D. Wight, J. I. Packer, eds. New International Dictionary of New Testament Theology, Vol. 3 (Downers Grove, IL: Intervarsity Press, 1988).

Vor ein paar Jahren (etwa 2004) zeigte mir der Herr den dünnen Schleier zwischen Erde und Himmel (zwischen diesem Bereich und der Ewigkeit). Ohne Mühe konnte ich buchstäblich durch diesen Schleier hindurchgreifen und mit dem geistlichen Bereich kommunizieren.

In der keltischen christlichen Geschichte wurde ein Begriff geprägt, um eine Atmosphäre auszudrücken, in welcher der Himmel so real und fassbar erschien, als würde er die Erde berühren. Die gebrauchte Bezeichnung war *„dünner Ort"* – wo die Substanz zwischen dem natürlichen und übernatürlichen Raum erschien, als würde sie gar nicht existieren. An diesem siebten Tag befinden wir uns an einem *„dünnen Ort"* in der Zeit, wo der geistliche Raum deutlich überwiegt und realer ist als der natürliche. Dies wird intensiver und greifbarer für jene, die sehende Augen und hörende Ohren haben – jene, die eine Leidenschaft für Gott besitzen und zu dem werden, von dem Er sagt, dass wir es seien.

Unsere Fähigkeit mit dem übernatürlichen Raum zu kommunizieren wird exponentiell steigen, wenn sich dieser Tag entfaltet und wir zur Vervollkommnung beschleunigt werden. Die Bibel lehrt uns, dass wir als Gläubige gleichzeitig an zwei Orten sein können. Das Wort besagt, dass Du schon mit Ihm an himmlische Orte versetzt bist (siehe Epheser 2:6). Wenn wir in Ihm bereits an himmlische Orte versetzt sind, warum können wir dann nicht genauso leicht in jenem Raum kommunizieren, wie wir es in diesem Raum können? Warum sehen, schmecken, tasten, riechen und hören wir nicht genauso leicht mit unseren geistlichen Sinnen, wie wir es mit unseren natürlichen Sinnen tun? Gemäß dem Wort können wir es – allerdings haben wir uns nie die Zeit genommen, diese Sinne soweit zu entwickeln, wie wir es mit unseren natürlichen Sinnen getan haben.

## Freiheit und Ruhe von der Arbeit

Der siebte Tag wird als Tag der Freude, Heiligkeit und Ruhe angesehen. Dies sind alles Eigenschaften unseres ewigen Lebens in künftigen Tagen. Die Worte, *am siebten Tag beendete Gott sein Werk*, erschienen zuerst wie ein Puzzle (siehe 1. Mose 2:2). Gemäß der Bibel vollbrachte Er alle Seine Werke in sechs Tagen. Der Bericht über die Schöpfung sagt, dass der Herr am sechsten Tag alles ansah, was Er gemacht hatte und sagte, es sei gut – es sei getan (siehe 1. Mose 1:31). Aber es geschah am siebten Tag, dass Gott sein Werk abschloss. 2. Mose 20:11 besagt, dass Gott die Himmel und die Erde in sechs Tagen schuf. Wir könnten denken, die Bibel würde uns mitteilen, dass Gott Seine Arbeit am sechsten Tag beendete, nicht am siebten Tag. Doch als die Rabbiner diese Verse studierten, schlossen sie darauf, dass es am siebten Tag tatsächlich ein Schöpfungswerk gab. Sie glaubten, Gott hätte am siebten Tag eine Substanz erschaffen, etwas mit Namen „Ruhe". – Was bedeutet das für uns?

Es spielt an auf die Tatsache, dass der Herr am siebten Tag für Sein Volk etwas Tiefgehendes freisetzen wird; etwas, was jede zurückliegende Generation zu erreichen versucht hat, aber das aufgrund von Unglauben meist nicht erlangt werden konnte. Wir sind dabei, an diesen Ort der Ruhe zu kommen. Es wird eine hoheitliche Tat Gottes sein, denn wir sind eine „abschließende" Generation. Wir sind die Generation, die den Herrn sagen hören wird: „Es ist vollbracht." Jede Seiner Bundesverheißungen wird sich in unserer Generation erfüllen; alles, was Er in Seinem Wort sagte, werden wir erfüllt sehen. Wir werden den Herrn Jesus herabsteigen und Sein Tausendjähriges Reich auf dieser Erde gründen sehen.

Gott schuf Ruhe am siebten Tag. So wie die Himmel und die Erde in sechs Tagen erschaffen wurden, wurde Ruhe (das hebräische Wort dafür ist *menuchah)* am siebten Tag gemacht. Die jüdischen

Gelehrten argumentierten, nach sechstägiger Schöpfung gebe es nur noch eine Sache, die der Welt fehle: Ruhe. So kam sie am siebten Tag, als das Universum und alle erschaffene Materie vollständig waren, zur Ruhe. Alle Schöpfung war in perfekter Symmetrie und Harmonie und ohne Sünde. Dort gab es keine Sünde und keine Widersprüche. Alles war in vollkommener Harmonie.

Was bedeutet die Verwirklichung dieser Ruhe für uns? Folgen wir weiter zielgerichtet und leidenschaftlich in dieser Zeit dem Herrn; wachsen wir weiter von Herrlichkeit zu Herrlichkeit, werden wir weiter erleben wie uns der Herr mit sich in einem solchen Ausmaß verschmilzt, dass wir bereits an himmlischen Orten wandeln, während wir noch auf der Erde sind. Unser Charakter wird so wie Christi Charakter sein. Unsere Herzen werden dem Herzen des Vaters gleichgeschaltet sein. Unsere Handlungen werden durch Liebe motiviert sein, und wir werden nicht durch Gesehenes bewegt werden oder durch die turbulenten, um uns stattfindenden Ereignisse, denn wir werden gelernt haben, was es wirklich bedeutet, „den Herrn Jesus anzuziehen“: Nicht länger werden wir Vorsorge für das Fleisch und dessen Gelüste treffen, sondern unsere Herzen werden von Seiner Liebe durchdrungen sein.

Es muss und wird nur durch Gnade geschehen, damit wir uns nicht noch einmal in unserem Fleisch anstrengen, um die Erfüllung Seiner Verheißungen für unsere Leben und für diese Generation zu erleben. Es ist Ruhe; eine Verschmelzung von Gottes Charakter mit unserem, die Dich und mich in eine vollkommene Synchronisation, Harmonie und in Einheit mit Gott in Gedanken, Absichten, Taten und Handlungen bringen wird. Wo auch immer dieser Ort der Ruhe in Gott ist, diese Generation wird es erfahren und hineingehen.

Das hebräische Wort *menuchah*, welches gewöhnlich mit *Ruhe* übersetzt wird, bedeutet mehr als die Einstellung der Arbeit. Auch meint es mehr als Freiraum von Arbeit oder von jeglicher

Belastung. *Menuchah* wird als etwas eigenständiges Positives betrachtet. Es bedeutet buchstäblich Stille, Gelassenheit, Frieden und Ruhe. Es ist der Bereich tiefen Friedens und der Harmonie in der Seele. Buchstäblich ist es ein „Zusammenschmelzen" unseres Charakters mit Gottes Charakter. Es ist eine Ebene der Existenz, wo kein Streit, kein Kampf, keine Angst und kein Leid Zugang finden. Dies beschreibt, wie die Menschheit in Ruhe mit Gott und in Frieden mit der sie umgebenden Welt ist.

An diesem Ort der Ruhe wird Dich nichts anderes als Gott bewegen. Es macht keinen Unterschied, ob die ganze Welt um Dich herum zusammenbricht, dadurch wirst Du nicht bewegt. Du wirst Dich in der Ruhe mit Gott befinden. – Hier ist dazu eine Geschichte, die mir ein Freund erzählte, die ich meistens in anderen Nationen mitteile, denn dort kann man sich damit identifizieren:

Vor einigen Jahren gab es in der Türkei eine große Textilfabrik, die circa 10.000 Arbeiter beschäftigte. Es gab eine Christin, die in einem Stockwerk dieser Fabrik arbeitete, während der Rest der Hilfskräfte entweder nicht christlich oder Muslime waren. Wegen ihres Glaubens war diese Frau Gegenstand täglichen Gespötts. Beständig wurde sie verspottet und bespuckt, weil sie eine Christin war. Ihre Antwort war, immer treu an ihrer Maschine weiterzuarbeiten und den Herrn mit folgenden Worten zu preisen: „Herr, danke für das Vorrecht, um Deines Namens willen zu leiden."

Dann geschah eines Tages ein Erdbeben mit einem Ausmaß von über 8.0. Das Fabrikgebäude um sie herum begann zu poltern und zu schütteln. Mit vollkommenen Glauben an Gott hob sie ihre Hände und begann, den Herrn zu preisen. Die an den Maschinen neben ihr arbeitenden Frauen, sahen ihre angstfreie Reaktion auf das, von dem sie dachten, es sei das Ende der Welt; rannten zu ihr, umfassten ihre Beine und klammerten sich an sie, um ihr Leben zu retten. Als das Erdbeben nachließ und der Staub sich klärte, gab es nur noch drei Überlebende in dieser Fabrik mit 10.000 Personen – diese Christin und die beiden Frauen, die an ihr hingen. Dies ist ein Bild für Ruhe.

Die Rabbiner glaubten, das Wesen des Lebens mit Gott sei im Wort *menuchah* oder *Ruhe* zu finden. Später wurde dieses Wort in der jüdischen Lehre sogar zum Synonym für ewiges Leben. Mit anderen Worten: die Menschen, die erfahren haben, was es wirklich bedeutet, „in Seine Ruhe einzugehen", haben einen Vorgeschmack auf das ewige Leben bekommen. Es ist das, was der Freund Gottes, Mose, in seinem Leben zeigte: er blieb beständig in der Gegenwart Gottes, und die Lebensessenz Gottes durchdrang ihn. Ein Anteil ewigen Lebens wird für diese Generation freigesetzt und dazu führen, dass wir zu all dem werden, wovon das Wort spricht. Wir werden „anders" sein, als das, was die Gemeinde über Jahrhunderte als Christenheit porträtiert hat. Wir werden eine Art von Menschen sein, die abgesondert sind; oder, wie das Wort sagt, Juden und Heiden, ein neuer Mensch … die Essenz des ewigen Lebens.

## Versetzung durch Glauben

Jetzt bedenke dies. Mose war 120 Jahre alt und seine Augen waren nicht trübe, seine Stärke hatte nicht abgenommen, und es heißt, er ging in die Wüste und starb. Aber er starb an keiner Schwäche oder auszehrender Krankheit. Ich glaube, er empfing eine Offenbarung vom Herrn, die ihm zeigte, es sei Zeit für ihn heimzugehen. So entfernte er sich in die Wüste und ging zum Herrn.

Diese Generation wird Verständnis darüber haben, was es bedeutet, durch einen Willensakt von diesem Raum in den ewigen Raum zu wechseln. Viele werden die Stimme des Herrn zu sich sprechen hören, dass es Zeit ist, nach Hause zu gehen, und viele werden den Klang der Posaune hören und nach Hause versetzt werden. Ich glaube fest und habe den Herrn sagen hören, es gibt eine Generation, die den körperlichen Tod nicht erfahren wird; es gibt eine Generation, deren Jugend wie bei einem Adler erneuert wird; es gibt eine Generation, die Gott zu dieser Stunde erhöht hat, um in den vollkommenen Bundesverheißungen Seines Wortes zu wandeln. Es ist der siebte Tag, ein Tag der Vollendung, der Ruhe und Erfüllung der Bundesverheißungen. Diese Generation sind wir!

Wenn Heilung das Brot der Kinder ist, was geschieht dann, wenn Du in Christus heranreifst? Du musst nicht krank werden. Du musst nicht schwach werden, und Du musst nicht solche Dinge akzeptieren, von denen natürliche Menschen denken, sie seien unumgänglich. Ich glaube nicht an Zwangsläufigkeit, ausgenommen die Unvermeidbarkeit des Himmels und der Hölle. Alles andere steht dem Bereich des Glaubens offen, denn Glaube sagt, *nichts* ist unmöglich.

## Der Lobpreis am siebten Tag

Im Hinblick auf Gebet lehrten die Rabbiner, dass dieser siebte Tag als Tag für Lobpreis und Anbetung gegeben ist. Wir haben eine enorme Zunahme des Lobpreises und der Anbetung in allen Nationen erlebt und auch von Diensten mit Ausrichtung auf 24 Stunden in prophetischem Lobpreis und Proklamation. Gott setzt den Klang des Himmels auf der Erde frei.

In der jüdischen Tradition sind Fasten und Trauer am siebten Tag verboten, denn dieser Tag wurde von Gott für Freude, Wonne und Ruhe gegeben. Es ist nicht das wirkungslose Fasten aus Jesaja 58, auf das Gott nicht hört, sondern es ist ein Tag der Freude, Wonne und Ruhe in dem, was Gott getan hat.

Er wird alle Tränen an diesem Tag fortwischen. Die Braut fastet bis der Bräutigam kommt. Du erinnerst Dich daran, was Jesus sagte:

**Können etwa die Hochzeitsgäste trauern, solange der Bräutigam bei ihnen ist? Es werden aber Tage kommen, da der Bräutigam von ihnen weggenommen sein wird, und dann werden sie fasten.** Matthäus 9:15

Für den triumphierenden und überwindenden Glaubenden wird dieser Tag kein Tag der Trauer und des Fastens sein. Es wird ein Tag übergroßer Freude, denn der Höhepunkt der Zeitalter findet statt und wir haben Anteil an der Fülle des himmlischen Königreiches hier auf der Erde. Es wird eine letzte Ernte eingesammelt, die an Umfang und Einfluss unvergleichlich ist.

Hier haben wir das Bild einer Verheißung in Gott, die auf diesen siebten Tag und diese Generation verweist. Wir tun gut daran, unsere Neigungen und Erwartungen auf die baldige Rückkehr des Bräutigams zu Seiner Braut zu setzen. Du hast eine tiefe Bestimmung. Du besitzt eine göttliche Absicht. Du bist Teil einer Generation, die in Bereichen der Herrlichkeit wandeln wird, die keine andere Generation jemals erfahren oder gekannt hat.

## Schlüssel zum Königreich

Am letzten Rosch ha-Schana, dem jüdischen Neujahr, wartete ich auf den Herrn und suchte Sein Angesicht. Das ist meine Gewohnheit während der Monate September/Oktober gewesen, denn während der letzten sechs oder sieben Jahre hatte ich an diesem Tag eine Begegnung mit dem Herrn. An diesem besonderen Rosch ha-Schana begann der Herr damit, mir etwas zu zeigen, was wie ein sehr großer Generalschlüssel aussah. Als ich beobachtete und darauf wartete, dass mir der Herr erklären würde, was Er mir mitzuteilen versuchte, begann dieser Schlüssel auf einmal zu wachsen, und ich dachte: *„Du meine Güte, er wird explodieren!“* In diesem Moment spürte ich das Herz des Vaters, und es gab eine greifbare Begeisterung in Seinem Herzen. Er begann zu mir zu sprechen: „Ich gebe Schlüssel aus, die Schlüssel, die ich der Gemeinde zugeeignet habe, und diese sind schwanger mit Möglichkeiten.“

Sofort verstand ich, dass wir an der Schwelle einiger der tiefgreifendsten Darstellungen Seiner wunderwirkenden Kraft stehen, die meines Erachtens die Welt jemals gesehen hat. Ich wusste in meinem Geist, dass der Vater diese Zeit der Erfüllung erwartet und vorausgesehen hat, in der Er diese bezeugten Wunder auf der Erde freisetzt, denn sie sind ein Teil der letzten großen Bewegung Gottes.

Du bist Sein Erbe, und Du bist Christi Erbe. Du bist die Braut, die sich für Seinen Sohn bereitet hat. Er ist begeistert. Er wird bald sagen: „Sohn, geh, um sie zu holen!" Gerade jetzt ist der Vater begeistert, denn Er steht davor, für diese Generation, für diese Gemeinde, ein Verständnis für die Schlüssel des Königreichs freizusetzen, die mit Möglichkeiten für diese Generation getränkt sind.

Während einer anderen Zeit des Fastens und Gebets, dieses Mal zum Jahreswechsel 2008, sprach der Herr Folgendes zu mir: „Zu Beginn dieses Jahres wird es eine Explosion meiner Herrlichkeit geben!“ Während des Jahres begann sich der Herr in verschiedenen Nationen der Welt spontan zu bewegen, und Er schenkte uns einen flüchtigen Blick auf das, was Er für uns in den vor uns liegenden Zeiten in einem größeren Ausmaß bereithält. Was wir gesehen und erfahren haben, ist nur der Geburtsschmerz dessen, was uns künftig einhüllen wird.

Lass mich nur einen kleinen Eindruck von dem geben, was mir der Herr gezeigt hat. Die Zeit steht kurz davor, dass, wenn Dir ein Freund oder Bekannter eine einfache Frage stellen wird, wie:

„Was hast du so gemacht?" oder: „Wohin bist du heute gegangen?", Du antworten kannst: „Ich war im Paradies, und habe mich ein wenig mit Abraham unterhalten." Auch könnte Deine Antwort lauten: „Ich habe drei Länder besucht und habe einigen Menschen gedient, so wie der Herr mich führte." Wie wird das möglich sein? Ich habe bei einigen Gelegenheiten persönlich Versetzung erlebt, auch habe ich andere getroffen, die vom Herrn übernatürlich an verschiedene geographische Orte versetzt wurden, um Seinen Absichten zu dienen. Wir treten in eine Zeit ein, in der dies für Christen mehr zur Norm wird, als eine Ausnahme zu bleiben.

Wir sind buchstäblich ein Volk in zwei Räumlichkeiten! Wir werden Menschen sein, die mit dem Herrn auf Arten kommunizieren werden, wie es manche der Heiligen vergangener Generationen getan haben. Studiere Kirchengeschichte! Du wirst erstaunliche historische Berichte über verblüffende Wunder in den Leben der frühen Heiligen finden.

In der gesamten Geschichte haben wir Männer und Frauen erlebt, einige wenige Auserwählte, die Gott leidenschaftlich folgten. Sie wurden zu strahlenden Säulen für ihre jeweilige Generation – die Möglichkeiten Gottes durch ihr Leben und ihre Handlungen aufzeigend. Zu dieser Zeit werden wir einen ganzen Leib von Gläubigen sehen, die, in ihrer leidenschaftlichen Nachfolge mit Gott verbunden, diese Welt verwandeln werden. Eine Ernte steht bevor. Es ist Zeit für uns, unseren Platz als Soldaten des Königs einzunehmen, vollkommen bekleidet mit der Autorität Gottes, unerschrocken in der Waffenrüstung Gottes und kühn das Wort Gottes proklamierend.

**Vater, ich danke Dir für Deine Liebe und für das große Privileg zu einer Gruppe handverlesener Männer und Frauen zu gehören, die zu einer großartigen Bestimmung an diesem Tag berufen wurden. Es hat niemals zuvor einen Tag wie diesen gegeben, noch wird es irgendetwas Vergleichbares danach geben. Herr, wir sind so bevorzugt und geehrt, obwohl Du uns nur einen flüchtigen Blick gegeben hast, weil wir das Ganze nicht verstehen würden. Vater, der Blick, den Du uns gewährt hast, ist überwältigend. Dies ist eine prophetische Zeit, nicht zu vergleichen mit irgendeiner anderen Zeit in der Geschichte auf diesem Planeten. Vater, ich bete, dass die Saat, die wir gerade in Dein Volk hineingelegt haben, schnell hervorwächst und Vater, dass eine hundertfältige Frucht hervorkommt. Bewässere dieses Wort, Vater. Bewässere die Offenbarung, die von Deinem Herzen kam. Herr, hilf uns durch Deine Gnade, in Gehorsam gegenüber Deinem Wort in Deine Ruhe einzutreten. In Jesu mächtigem Namen, Amen.**

# 4

# Gehorsam und Leidenschaft

Im letzten Kapitel haben wir uns angesehen, welche Gedanken einige der frühen Rabbiner den nachfolgenden Generationen zur Überlieferung niedergeschrieben haben. Die Absichten Gottes für diese Zeit sind in der gesamten Geschichte beispiellos. – In 2. Mose 13:3-10 sagte Mose zum Volk:

> Gedenkt dieses Tages, an dem ihr aus Ägypten gezogen seid, aus dem Sklavenhaus! Denn mit starker Hand hat euch der HERR von dort herausgeführt. Darum soll kein gesäuertes Brot gegessen werden. Heute zieht ihr aus im Monat Abib. Und es soll geschehen, wenn der HERR dich in das Land der Kanaaniter, Hetiter, Amoriter, Hewiter und Jebusiter bringt, das dir zu geben er deinen Vätern geschworen hat, ein Land, das von Milch und Honig überfließt, dann sollst du diesen Dienst in diesem Monat ausüben. Sieben Tage sollst du ungesäuertes Brot essen, und am siebten Tag ist ein Fest für den HERRN. Während der sieben Tage soll man ungesäuertes Brot essen, und kein gesäuertes Brot soll bei dir gesehen werden, noch soll Sauerteig in all deinen Grenzen bei dir gesehen werden. Und du sollst dies deinem Sohn an jenem Tag so erklären: Es geschieht um deswillen, was der HERR für mich getan hat, als ich aus Ägypten zog. Und es sei dir ein Zeichen auf deiner Hand und ein Zeichen der Erinnerung zwischen deinen Augen, damit das Gesetz des HERRN in deinem Mund sei; denn mit starker Hand hat dich der HERR aus Ägypten herausgeführt. So sollst du denn diese Ordnung zu ihrer bestimmten Zeit von Jahr zu Jahr halten.

An diesem siebten Tag spricht der Herr auf eine sehr bedeutsame Weise zu uns. Wie ich schon früher mitteilte – alles, was wir in der Bibel im Blick auf den siebten Tag vorfinden, weist hin auf eine spezielle prophetische Zeit im Lauf der Geschichte. Wie in Kapitel 2 erklärt, ist das Gesetz der ersten Erwähnung ein uns von Gott gegebenes zulässiges Werkzeug, um die Schrift zu studieren. In einfachen Worten ausgedrückt besagt dieses Gesetz: „Wenn etwas *zum ersten Mal in der Bibel erwähnt wird*, dient es ab diesem Zeitpunkt als Grundlage für die Auslegung aller weiteren Schriftstellen, die über dasselbe Thema sprechen."

Lass uns noch einmal kurz zurückblicken: Erstmalig hörten wir etwas über den siebten Tag, als Gott Seine Werke beendet hatte und ruhte. Er bezeichnete diesen siebten Tag als heilig; denn er wurde geheiligt und abgesondert, hat eine tiefe Bedeutung und Absicht und spricht von einer Generation mit besonderer Bestimmung, welche am Ende der Zeit hervorkommen wird. Dieser Tag spiegelt das ganze Herz und den vollen Fingerabdruck des Vaters wider. Gott gab ein Gebot, damit sich die Israeliten in jeder Woche an den siebten Tag erinnerten und daran dächten, was Gott für sie gewirkt und wie Er sie aus Ägypten herausgeführt hat. Jetzt steht Ägypten, sinnbildlich gesprochen, für *die Welt*.

Versammeln wir uns am siebten Tag, erinnern wir uns an einen Bund, der vom Herrn eingesetzt wurde. Dies fordert nicht nur von uns, dass wir uns mit Dankbarkeit darauf besinnen, sondern dieser Tag dient auch der Absicht, prophetisch auf einen zukünftigen Tag hinzuweisen, an dem Gott alles vollenden wird, was Er begonnen hat. Das Gedenken deutet auf einen besonderen tausendjährigen Tag hin – ein Jahrtausend, den siebten Tag, an dem der Herr Seine ganze Schöpfung in die Ruhe führt. Alles wird vollendet und jede Bundesverheißung wird erfüllt sein. Wir werden von einer Form der Regierung zur Herrschaft Jesu übergehen, Unser König richtet bald Sein irdisches Königreich ein, um für tausend Jahre zu herrschen und zu regieren.

## Riesen besiegen

Ich möchte Dir einige hilfreiche Definitionen geben, um so manche der *Riesen* in unseren gemeinschaftlichen und persönlichen *verheißenen Ländern* besser zu verstehen. Diese Riesen wollen uns an der rechtmäßigen Inbesitznahme der Verheißungen Gottes hindern:

| | | |
|---|---|---|
| Kanaaniter | - | Besitzer oder Einkäufer |
| Hetiter | - | jemand, der zerbrochen ist oder Angst hat |
| Amoriter | - | Bitterkeit, Rebell oder Schwätzer |
| Hewiter | - | böse, bezieht sich auf Gottlosigkeit |
| Jebusiter | - | jemand, der zu Boden getreten, verschmutzt oder unrein ist |

## Kanaaniter

Jeder von uns steht Kanaanitern gegenüber - der *Versuchung, unser Geburtsrecht zu verkaufen,* indem man einen „nicht so schwierigen" Weg wählt oder gar den Weg des geringsten Widerstandes.

In den Gemeinden wuchern Kompromisse. Im Versuch, der Welt zu gefallen und nicht anstößig zu wirken, hat die Gemeinde die Wahrheit des Wortes Gottes und Seinen Willen abgesetzt - dafür dominiert intellektuelle Zustimmung, und man ist offen für Gespräche und für die Sitten der heutigen Gesellschaft. Derselben Versuchung sah sich Jesus während seines irdischen Dienstes zweimal gegenüber gestellt. Bei Seiner Versuchung in der Wüste wurde Ihm alles angeboten (was Ihm sowieso rechtmäßig gehörte), falls Er nur Seine Knie vor dem Thronräuber Satan beugen würde. Er hätte nicht kämpfen und leiden zu brauchen, hätte Er sich nur dem weniger noblen Weg des Kompromisses gebeugt. Doch Seine Reaktion war, in allen Punkten Gottes Wort hochzuhalten.

Jesu zweiter Test kam im Garten Gethsemane. Der Kampf tobte um Ihn, als es darum ging, den eingeschlagenen Kurs zu vollenden. Dieser war so schwer und die Versuchung so heftig, dass Er große Blutstropfen schwitzte. Sein Vorgehen zeigt uns die notwendige Herzenshaltung, um auch die ersten Besetzer unseres verheißenen Landes zu überwinden:

**Und er ging ein wenig weiter und fiel auf sein Angesicht und betete und sprach: Mein Vater, wenn es möglich ist, so gehe dieser Kelch an mir vorüber! Doch nicht wie ich will, sondern wie du willst.**

Matthäus 26:39

## Hetiter

Der zweiten Herausforderung stehen wir gegenüber, wenn wir fortfahren, unser verheißenes Land einzunehmen: Wir müssen die Hetiter überwinden – *die zerbrochen sind oder Angst haben.* Es gibt eine Zerbrochenheit, die zur Buße leitet. Diese wird die Tür zur Verwandlung unseres inneren Menschen öffnen und dem Herrn erlauben, Seinen Charakter in uns zu vervollständigen.

**Die Opfer Gottes sind ein zerbrochener Geist; ein zerbrochenes und zerschlagenes Herz wirst du, Gott, nicht verachten.** Psalm 51:19

Es gibt aber auch eine Zerbrochenheit, welche die Tür dazu öffnet, sich verdammt zu fühlen und uns dazu bringt, in Angst zu leben. Angst ist das Gegenteil von Glauben – der genaue Widerspruch. Sie wird einen Menschen lähmen und verursacht eher Flucht als Kampf! Die Lösung für einen *Geist der Angst* ist vollkommene Liebe in unseren Herzen, denn vollkommene Liebe treibt alle Furcht aus (siehe 1. Johannes 4:18). *Fleischliche Angst* besteht durch einen Mangel an Glauben. Die Lösung für diese Art von Angst liegt darin, Zeit mit dem Wort Gottes zu verbringen (siehe Römer 10:17).

## Amoriter

Unsere dritte Auseinandersetzung kommt in Gestalt der Amoriter - *Bitterkeit*. Es ist unfassbar, wie weit Wut und Verbitterung in der Gemeinde verbreitet sind. Ich glaube fest, dies ist der am meisten unbemerkte Feind. Eine große Zahl von Menschen wird in dieser speziellen Falle gefangen gehalten. Frech rechtfertigen wir unsere Handlungen und Reaktionen auf Menschen, behaupten unser Recht, ärgerlich zu sein, und üben Vergeltung in direktem Widerspruch zu Gottes Wort. Nicht behandelte Bitterkeit im Leben eines Gläubigen öffnet die Tür sehr weit für den Fluch, von dem wir durch das für uns vergossene Blut Christi befreit wurden. Machen wir durch Umkehr und gewährte Vergebung keinen Gebrauch von diesem kostbaren Geschenk, werden wir von unserem persönlichen Amoriter verzehrt. Viele Schriftstellen behandeln dieses Thema, aber ich will nur einige nennen:

> **Denn wenn ihr den Menschen ihre Vergehungen vergebt, so wird euer himmlischer Vater auch euch vergeben ...** Matthäus 6:14

> **Dann trat Petrus zu ihm und sprach: Herr, wie oft soll ich meinem Bruder, der gegen mich sündigt, vergeben? Bis siebenmal? Jesus spricht zu ihm: Ich sage dir: Nicht bis siebenmal, sondern bis siebzigmal siebenmal.** Matthäus 18:21+22

> **Alle Bitterkeit und Wut und Zorn und Geschrei und Lästerung sei von euch weggetan, samt aller Bosheit! Seid aber zueinander gütig, mitleidig, und vergebt einander, so wie auch Gott in Christus euch vergeben hat!** Epheser 4:31+32

## Hewiter

Das Volk der Hewiter - *Bosheit* - stellt unsere vierte Herausforderung bei der Einnahme unseres verheißenen Landes an diesem siebten Tag dar. Bosheit beginnt im menschlichen Herz und keimt dort auf, bis sie in voller Blüte freigesetzt wird. Aufgrund von Bosheit wurde der Herr in Seinem Herzen betrübt; Er bereute sogar, den Menschen geschaffen zu haben (siehe 1. Mose 6:5-6). In der ganzen Schrift begegnet uns ein Prinzip, welches besagt, wir werden zu dem, auf was wir schauen. Erlauben wir unserem Verstand und unseren Gedanken beständig auf Ungerechtigkeit zu verharren, verhärten wir wegen dieser unsere Sinne überschwemmende Einflüsse; schließlich führt dies zu Kompromissen in unserem christlichen Wandel.

Ich möchte euch ein Beispiel geben. Meine Frau, Reshma, stammt aus einer sehr konservativen indischen Familie, die auf den Fidschi-Inseln lebt. Sie wuchs in einer Atmosphäre auf, die keinen Raum für weltlichen Einfluss duldete, den die meisten von uns nicht einmal bemerken würden. Nichts, was der erforderlichen Reinheit für einen an Gottes Wort Glaubenden als gegensätzlich betrachtet wurde, war in ihrem Haus erlaubt; ob dies eine besondere Fernsehshow war, die einen fragwürdigen Inhalt hatte, oder etwa persönliches Benehmen außerhalb des Hauses mit Freunden. Unziemliches Verhalten für ein hingegebenes Kind Gottes wurde nicht gebilligt.

Im Schnelldurchlauf: Als ich Reshma das erste Mal nach Amerika brachte, mit unserem lockeren moralischen Verhalten, unserer Billigung unbiblischer Verhaltensweisen, unserer lockeren Sprache und dem Mangel an Respekt für unsere Ältesten sowie unserer Respektlosigkeit gegenüber dem Wort Gottes in vielen Bereichen, wäre es die Untertreibung des Jahrhunderts zu sagen, sie wäre nur geschockt gewesen. Meine Verhärtung wegen meiner Nähe und meines Eintauchens in diese Kultur war entsetzlich für jemanden, der ein Leben der Absonderung für Gott geführt hatte. Bosheit hatte mich nicht mehr bekümmert, denn ich lebte in einer Gesellschaft, die ihre Sensibilität für Heiligkeit, Reinheit und der Furcht Gottes verloren hatte. Die Bibel nimmt so darauf Bezug:

**... und hat den gerechten Lot gerettet, dem die schändlichen Leute viel Leid antaten mit ihrem ausschweifenden Leben. Denn der Gerechte, der unter ihnen wohnte, musste alles mit ansehen und anhören und seine gerechte Seele von Tag zu Tag quälen lassen durch ihre bösen Werke.** 2. Petrus 2:7-8

Durch sehen und hören gewöhnen wir uns an die Ungerechtigkeit um uns herum. So wie David müssen wir einen Bund mit unseren Augen eingehen, nicht einmal das anzusehen, was Gott als schlimm oder böse erachtet. Wir müssen unsere Ohren schützen und uns selbst davor bewahren, Ungerechtigkeiten zuzuhören. Wir müssen uns für das Herz des Vaters sensibilisieren und für die ruhige Stimme des Heiligen Geistes. Nur auf diese Weise bewahren wir uns vom Einfluss der Hewiter in unserem verheißenen Land. Und sobald wir wissen, wie wir uns vor ihrem Einfluss schützen können, sind wir gewappnet und bereit, ihren Einfluss zu zerstören, wo auch immer wir hinkommen.

## Jebusiter

Unsere letzte Auseinandersetzung gilt den Jebusitern – das heißt, *verschmutzt oder unrein zu sein.* Verschmutzung kommt durch Übereinstimmung mit den gesellschaftlichen Sitten, diesen zu erlauben, Vorrang über Gottes Wort einzunehmen. Übereinstimmung geschieht durch Kompromisse. Diese kommen entweder durch Unwissenheit oder das nicht Festhalten an den Prinzipien des Wortes Gottes.

**Und seid nicht gleichförmig dieser Welt** (diesem Zeitalter – geformt und angepasst an ihre äußeren oberflächlichen Bräuche), **sondern werdet verwandelt** (verändert) **durch die** (ganze) **Erneuerung des Sinnes** (durch seine neuen Ideale und neuen Haltungen), **dass ihr** (für euch) **prüfen mögt, was der Wille Gottes ist: das Gute und Wohlgefällige und Vollkommene** (in Seiner Sicht für euch). Römer 12:2

Kompromisse bringen uns somit in jedem Bereich unseres Lebens in eine Niederlage. Wir werden buchstäblich vom Feind niedergetrampelt und überwunden, wenn wir den Jebusitern unwidersprochen erlauben, auf unserer Reise in diesen siebten Tag und unser verheißenes Land mitzugehen.

## Geistliche Kampfführung

Alle Dinge im „Verheißenen Land", von denen Gott sagt, sie gehören an diesem siebten Tag uns, müssen im Glauben empfangen werden und durch eine echte Anerkennung unseres Bedürfnisses, heilig vor Ihm sein. Wir haben eine falsche Erwartung in der Gemeinde geschaffen, die besagt, dass das „wahre" Christenleben frei von Stress, Bedrängnis und den täglichen Herausforderungen in diesem Leben ist. Dies ist eine verdrehte und unwirkliche Sicht. Die Realität ist: Beginnen wir, unser verheißenes Land in Besitz zu nehmen, fängt der Kampf an! Dank sei Gott, der Herr hat der Gemeinde ein Verständnis über die geistliche Kampfführung wiederhergestellt. Ich glaube, wir kommen in eine Zeit größerer Einsicht, als jemals zuvor, was geistliche Kampfführung betrifft. Und mitten in unseren Herausforderungen beginnt der Herr, neue Strategien und neue Offenbarung freizusetzen, wie man unser verheißenes Land einnimmt.

Einfach gesagt ist geistliche Kampfführung dies: Mit Urteilsvermögen handeln und das tun, was der Herr Dir aufträgt – nichts mehr und nichts weniger. Geistliche Kampfführung ist Gehorsam gegenüber Gott. Wir haben alle Arten von Programmen erlebt, die als ein Mittel für den Sieg in der geistlichen Kampfführung dienen sollten, und manche von ihnen funktionierten sogar. Unsere Gesellschaft hat die Haltung aufgebaut, je komplizierter und intellektueller die Herangehensweise bei jeglicher Herausforderung ist, sowohl natürlicher als auch geistlicher Art, desto wirksamer wird das Ergebnis sein. Wir haben die Drei-Schritte-Programme gesehen (und versucht anzuwenden), wie man jemanden befreit. Dann brauchten wir ein Zehn-Schritte-Programm, um sie in Freiheit zu halten, als auch ein Programm mit einer permanenten Diskussion über die Effektivität und Zweckmäßigkeit des Drei-Schritte-Programms und des Zehn-Schritte-Programms. Der Höhepunkt dessen war ein 47-Schritte-Programm darüber, wie man sowohl das Drei-Schritte- als auch das Zehn-Schritte-Programm aufrechterhalten kann.

Ich führe dies ins Extreme, um die deutliche Not für neue himmlische Strategien an diesem Tag aufzuzeigen; einem Tag der Ruhe – einem Beenden der eigenen Werke, so wie Gott dies mit Seinen tat. Obwohl uns Programme dabei helfen, uns der Tatsache bewusst zu sein, dass wir uns in einem geistlichen Kampf befinden, sind sie dennoch kein Ersatz für die Führung durch den Geist Gottes. Neue Strategien werden für diesen neuen Tag freigesetzt, und wir müssen den neuen Weinschlauch entgegen nehmen, wenn wir in dieser Stunde effektiv in der Autorität des Königreiches wandeln wollen. Neue Strategien werden empfangen, wenn wir lernen, auf den Herrn zu warten, um unsere tägliche Marschordnung zu erhalten. Einige in der Gemeinde werden durch diesen Gedanken in Schrecken versetzt, denn sie haben niemals wirklich eine echte Sensibilität für die Stimme Gottes entwickelt, und so geraten sie in ihrem christlichen Wandel ins Schwimmen. Folgende Frage habe ich überall in der Welt gestellt: „Wie viele von euch hören die Stimme Gottes regelmäßig?“ In einem Raum mit 200 oder 300 Menschen gehen für gewöhnlich nur 2 oder 3 Hände hoch. Das Problem besteht darin: Hörst Du die Stimme Gottes nicht, kannst Du gar nicht gerettet sein!

## Die Stimme Gottes erkennen

Sobald wir errettet sind, billigen wir irgendwie die Auffassung, dass der Herr nur durch Sein Wort spricht. Während es der Wahrheit entspricht, dass die Grundlage und die Messschnur für alles, was Er spricht, Sein Wort ist, so ist Seine Stimme doch viel mehr als das. Wenn Du Dich daran erinnerst, wie Du zum ersten Mal das Drängen des Heiligen Geistes in Deinem Leben wahrgenommen hast, wirst Du besser verstehen, was die Stimme Gottes alles umfasst. – Da war ein Ziehen, eine Überzeugung, eine Salbung, ein überwältigendes Gefühl. Es mag Visionen gegeben haben und eine hörbare Stimme. Sein Wort mag Dich vereinnahmt haben; Offenbarung brach aus Deinem Herzen hervor, und Du erkanntest in diesem Moment die Realität Gottes. An all diesen Beispielen sehen wir Facetten der Stimme Gottes, wie sie mit uns kommuniziert. Warum geschieht es also, dass wir, sobald wir Christen geworden sind, den Herrn nur noch auf Worte begrenzen? Hast Du jemals den Ausdruck gehört: *Ein Bild sagt mehr als tausend Worte?* Visionen sind die Stimme Gottes in elementarer Form, die wir jedoch für gewöhnlich der Sprache nicht gleichsetzen.

So viele fragen: „Wie kann ich Gottes Stimme hören?“ Meine Antwort darauf ist: „Wie kannst du Gottes Stimme nicht hören?“ Alles, was Gott tut, spricht! Sein Name ist *das Wort!* Er spricht. Du kannst nicht eine einzige Vision in der Bibel finden, in der Gottes Stimme nicht spricht. Die Mittel der Kommunikation im Himmel unterscheiden sich weit von den Medien, durch die wir uns hier auf der Erde unterhalten. Die ineffektivste Form der Kommunikation geschieht mit Worten! Jeder von uns hat schon die Erfahrung gemacht, etwas zu sagen, und die Person, mit der wir sprachen, hörte etwas ganz anderes.

Bei zahlreichen Gelegenheiten, während ich eine Vision vom Himmel hatte oder sogar tatsächlich dort war (siehe 2. Korinther 12:1-3), habe ich erfahren, wie Kommunikation in diesem Bereich verläuft. Gespräche geschehen unmittelbar und von Herz zu Herz sowie von Verstand zu Verstand. Es gibt überhaupt keine Verwirrung; noch ein Missverständnis über das Gesagte. Dem kommen wir hier auf der Erde am nächsten, wenn wir Worte der

Erkenntnis, Worte der Weisheit oder der Prophetie bekommen. Diese sind ein augenblicklicher Download von Einsicht und Verständnis.

## Kraft, um die Verheißung zu erlangen

Der Übergang vom sechsten Tag zum siebten Tag ist voller potenzieller Fallgruben. Vor uns steht die größte Chance, die keine Generation vor uns hatte, und dennoch befinden wir uns in höchster Gefahr, diesen günstigen Moment zu verpassen. Es gibt Riesen im Land. Das bedeutet, es müssen Siege errungen werden, und es gibt Feinde, die geschlagen werden müssen. Trotzdem werden wir nicht bestehen, wenn wir an Strategien von gestern festhalten, noch werden wir siegreich sein, wenn wir die alten religiösen Systeme der vergangenen Generationen umklammern. Wir können nicht damit fortfahren, von einer Mischung aus Fleisch und unheiligen Argumenten geführt zu werden. Wir müssen dem Wort erlauben, uns in dieser stürmischen Zeit tief zu durchdringen, und erwählen, mit Seinem Bild übereinzustimmen. Wir müssen uns an Christus erinnern, und wir müssen uns selbst gegen die hinterlistige Verlockung eines lauwarmen Evangeliums schützen, das gerecht und heilig erscheint, aber der Kraft und Gegenwart Gottes ermangelt. Jene, die sich in unserer Generation an das Kreuz klammern, werden keine Vermischung tolerieren, und der Herr wird sie für die Verheißung des siebten Tages freisetzen.

Was kommt uns in den Sinn, wenn wir über das verheißene Land sprechen? Gemäß der Schrift beinhaltet das verheißene Land die volle Annahme von und den Zugang zu allen Wohltaten des göttlichen Bundes – freigesetzt und verwirklicht in unserem Leben. Es verweist auf eine Innigkeit mit Gott. Mein verheißenes Land ist verwirklicht, wenn meine Beziehung mit dem Herrn so innig wird, dass eine Verschmelzung meines Seins mit dem Seinen in solch einem Ausmaß stattfindet, dass mein Charakter mit all seiner Fehlerhaftigkeit in Seinen Charakter verwandelt wird. Dann sind die Motive meines Herzens gereinigt, Ihm vollständig übereignet und auf Ihn ausgerichtet.

Wenn ich dieses verheißene Land betrete, werde ich zum reichsten Menschen auf der Erde! Teilhaber an Seiner Natur und Seines Charakters zu sein, wird die Tür zu einem Raum des Lebens, Bewegens und des Seins eröffnen, wie es nur sehr wenige jemals erfahren haben (siehe Apostelgeschichte 17:28). Genau das liegt in der kommenden Zeit der Ruhe und Vervollständigung vor uns. Dies ist die Verheißung des siebten Tages!

## Das Fest des Herrn

Ein weiteres bedeutsames Ereignis, das bald am siebten Tag stattfindet, wird ein Fest für den Herrn sein, eine heilige Versammlung. Dies wird das Hochzeitsfest des Lammes genannt (siehe Offenbarung 19:7). Viele sind zu diesem Fest eingeladen, und trotzdem ist die Reaktion darauf ganz gering (siehe Matthäus 22:2-14).

Vor ein paar Jahren, als ich in den dritten Himmel gehoben wurde, hatte ich folgendes Erlebnis: Die erste Person, die ich traf, war begeistert wegen der Vorfreude und Vorbereitung auf ein großen Festessen. Sie sagte: „Bruce, es ist so aufregend! Es herrscht so viel Betriebsamkeit und die Vorbereitungen sind fast geschafft!“ Als ich mich danach erkundigte, wofür dieses Festessen stattfinden sollte, entgegnete sie: „Das Hochzeitsmahl des Lammes wird sich bald ereignen.“

Dann fuhr sie fort: „So viele Menschen besuchen den Himmel und kehren zur Erde zurück, um zu verkünden, dass alles fertig ist, und um die einzuladen, die teilnehmen sollen, damit sie vorbereitet sind.“

Gemäß jüdischer Überlieferung verfügten die Rabbiner, dass der Sabbat (der siebte Tag) zu einem speziellen Ehrentag *(kavod)* gemacht werden und zur Freude *(oneg)* da sein sollte, basierend auf Vers 13 von Jesaja 58:

**Und du nennst den Sabbat eine Wonne und den heiligen Tag des HERRN ehrwürdig.**

Der Tradition gemäß beinhaltet „Ehre“ hier die Pflicht der Reinigung kurz vor dem Sabbat, das Tragen spezieller Sabbatkleidung und den freudigen Empfang des Sabbats.

**Er soll sich mit dem Reinigungswasser entsündigen am dritten Tage und am siebenten Tage, so wird er rein. Und wenn er sich nicht am dritten Tage und am siebenten Tage entsündigt, so wird er nicht rein.**

4. Mose 19:12

**Es soll aber der Reine den Unreinen am dritten Tage und am siebenten Tage besprengen und ihn am siebenten Tag entsündigen, und der soll seine Kleider waschen und sich mit Wasser abwaschen, so wird er am Abend rein.** 4. Mose 19:19

Das Waschen im Wasserbad des Wortes sowie die beständige Anwendung des Blutes Jesu sind Voraussetzungen für den siebten Tag. Die Bibel drängt uns, beständig ein Volk des Wortes zu sein. Die Waschung mit dem Wasserbad des Wortes ist nicht nur unser Geburtsrecht, sondern für das beständige Wachstum und für die Gesundheit im Königreich Gottes unerlässlich. Ein Herz, das bei der leichtesten Überführung durch den Heiligen Geist schnell umkehrt, ist vielen aktuellen Bewegungen, die mit einem Evangelium vermählt sind, welches der Kraft und Konsequenz entbehrt, fast fremd.

## Freude am Sabbat

Es bereitet *Freude,* am Freitagabend (zu Beginn des Sabbats) die Kerzen anzuzünden, besondere Delikatessen zu genießen, wenigstens drei Sabbatgerichte mit dem Ehepartner zu essen, sich auszuruhen und zu schlafen.[7]

Das prophetische Symbol unserer „Freude" am Sabbat ist sehr aufschlussreich. Ohne ein weiteres Buch schreiben zu müssen, möchte ich Dir eine Zusammenfassung der vorgegebenen Symbole dieser Bräuche geben. Das Gleichnis von den zehn Jungfrauen ist die erste Beschreibung eines Beispiels aus dem Neuen Testament, das mir in den Sinn kommt (siehe Matthäus 25:1-10).

Die Freude an besonderen Delikatessen bezieht sich auf einen Gaumen, der die Erlesenheit der angebotenen Fleischsorten unterscheiden kann und sich daran entzückt (siehe Hebräer 5:14). Das Zusammensein mit unserem Ehepartner veranschaulicht eine Vertrautheit mit dem Bräutigam in dieser Generation, die wir nicht völlig zu begreifen vermögen.

Drei Sabbatgerichte mit dem Ehepartner (wir sind die Braut Christi) sprechen von einem inniglichen Teilen des Brotes des Wortes, und all dies während der Ruhe. Traditionell zündet die Frau des Hauses am Freitagabend wenigstens zwei Kerzen an (wieder das Gleichnis von den zehn Jungfrauen aus Matthäus 25), den zwei Weisen entsprechend, wie das vierte Gebot formuliert ist – „erinnere" (2. Mose 20:8) und „halte" (5. Mose 5:12) den Tag des Sabbats. Diese zwei Kerzen symbolisieren auch die Einheit, grundlegend für alle sichtbaren Zweisamkeiten: Mann und Frau, Körper und Seele, Reden und Schweigen, Schöpfung und Offenbarung.

---

7 Ronald Eisenberg, JPS Guide to Jewish Traditions (Philadelphia, PA: The Jewish Publications Society)

Weiterhin, damit man den Sabbat nicht entheiligt, indem man den genauen Zeitpunkt des Einbruchs der Dunkelheit, den Beginn des siebten Tages, nicht richtig kalkuliert, ist es Brauch, die Kerzen 18 Minuten vor Sonnenuntergang am Freitagabend anzuzünden.

Beim Studium der biblischen Zahlenkunde findet man, dass sich die Zahl 18 auf Gericht, Rebellion, Abfall, Korruption und Zerfall bezieht. Ich finde es interessant, dass uns gesagt wurde, wenn wir als Gläubige in diesen siebten Tag eintreten, über uns die Herrlichkeit des Herrn aufgehen würde. Gleichzeitig werden am Ende der Zeitalter Bosheit und große Dunkelheit in dieser Welt vorherrschen (siehe Jesaja 60:2).

Der Zeitpunkt, an dem die Sabbatkerzen angezündet werden, wird als günstige Zeit für Gott bezeichnet, um das persönliche Gebet der Frau (der Braut) zu hören. Glaube mir, wenn ich Dir mitteile, der ganze Himmel wird zuschauen und zuhören, wenn sich diese letzten Momente der Geschichte entfalten!

Dies ist nur eine Stichprobe der prophetischen Einsicht, die uns zur Verfügung steht, um zu erklären, was dieser siebte Tag mit sich bringt.

Viele haben Visionen und Erlebnisse vom und im dritten Himmel, als Zeichen für diese Generation für die bevorstehende Rückkehr des Herrn. Besuche von Engeln und sogar von Jesus werden in fast jeder Nation berichtet, und sie beinhalten das gleiche wiederkehrende Thema: Er kommt eher, als die meisten Menschen denken.

Der Herr bereitet ein Fest vor, an dem sieben Tage lang ungesäuertes Brot gegessen wird. In einem Gespräch mit dem Herrn während meiner Zeit der Anbetung und des Studiums sagte ich: „Herr, ich weiß, du sagtest, hütet euch vor dem

Sauerteig der Pharisäer. Was bedeutet das genau? Tradition? Gutes Ansehen in den Augen von Männern und Frauen? Falsche Lehre?" Augenblicklich sagte der Geist Folgendes: „Wenn das Hochzeitsmahl des Lammes bevorsteht, wird die Braut fortgenommen, und jene, die bleiben, werden sieben weitere Jahre der Trübsal erleben, bevor ich komme, um Mein Königreich aufzurichten." Der ewige Wohnort von jenen, die bleiben, wird dadurch bestimmt, ob sie an dem Sauerteig dieser modernen religiösen Systeme, die falsche Lehren verkünden und Menschen in den Untergang führen, teilhaben oder nicht.

**Hüte Dich vor falschen Lehren**

Wir müssen ein Volk sein, das an der biblischen Ermahnung festhält, für Gott abgesondert zu sein. Wir müssen so viel Zeit wie möglich mit dem Wort Gottes verbringen, um das Wort der Wahrheit richtig unterscheiden zu können – damit es keinen Sauerteig geben kann, der uns dazu bringt, Traditionen und Lehren zu folgen, die der Bibel entgegengesetzt sind.

Sogar jetzt gibt es dämonische Lehren in traditionellen Kirchen wie auch in charismatischen Gemeinden, dargestellt und ausgeübt als schriftgemäße Wahrheit. Kennen wir Gottes Wort nicht, kaufen wir diese Täuschungen ohne zu zögern.

Jesus sagte, es sei sogar möglich, dass die Auserwählten betrogen würden, falls Er die Zeit nicht verkürzen würde (siehe Matthäus 24:22). Keiner ist von einer uns umgarnenden, möglichen Täuschung ausgenommen. Wir müssen uns dieser Gefahr bewusst sein und uns so gut wie möglich vorbereiten, indem wir uns unbedingt in Gott hinein drängen. Ich befürworte keine Haltung der Angst und des Zweifelns oder des Infragestellens, ob Du vielleicht außer Tritt mit dem Herrn und Seinem Wort bist. Vertraue Deinem Vater im Himmel – dass Er Dein Herz sieht und erkennt, dass Du mit Ihm in der Wahrheit wandeln willst. Er wird Dich in die Wahrheit hineinbringen. Nimm nicht alles an, was von den Kanzeln als Wahrheit verkündet wird. Akzeptiere nicht einmal all das, was ich lehre, ohne ins Wort zu gehen und die Wahrheit für Dich selbst herauszufinden. Sei ein Student des Wortes – lerne, um zu zeigen, dass Du für Gott bewährt bist (siehe 2. Timotheus 2:15). Falls das Gelehrte die Prüfung durch die Schrift nicht übersteht, so ist es nicht von Gott.

2. Mose 13:7 sagt:

**Kein gesäuertes Brot soll bei dir gesehen werden, noch soll Sauerteig in all deinen Grenzen bei dir gesehen werden.**

Mit anderen Worten, nichts, was du tust, nichts, was du berührst, nichts, was du isst, nichts, was du betrachtest, nichts, was du anhörst – in allen Bereichen Deines Lebens, lass keinen Sauerteig die Wahrheit des Wortes Gottes durch menschliche Traditionen oder Lehren ersetzen, die auf einem religiösen System oder ideologischen Beeinflussungen gründen. Stattdessen verstehe Wahrheit, erlange Leben, höre, was Gott sagt, und klammere Dich daran.

Unsere Nation verfügt über die größte Sammlung christlichen Materials auf der Welt, aber nach dem, was ich in den vielen bereisten Nationen gesehen und erfahren habe, scheinen wir die laueste Gemeinde zu sein, unter allen von mir besuchten Ländern. Wegen der stetigen Verfügbarkeit der Möglichkeiten sollten wir das uns gegebene Privileg annehmen und diese Quellen nutzen, um in Christus zu wachsen und ein größeres Verständnis und eine größere Innigkeit mit Ihm zu erreichen.

## Der Schlüssel der Leidenschaft

Als ich die Bibel studierte, fand ich einen wichtigen, vielleicht sogar den wichtigsten Schlüssel für das Wachstum in der Erkenntnis Jesu und der Innigkeit mit dem Herrn. Es ist der Schlüssel der Leidenschaft! Ein verzweifelter Hunger wird einen Menschen dahin bringen, extreme Maßnahmen zu ergreifen, um diesen Hunger zu stillen. Besitzt Du Überfluss an allem und hast niemals Hunger kennengelernt, wirst Du zwiespältig. Du wirst lau beim Studieren des Wortes Gottes und bist unentschlossen gegenüber der Wahrheit des Wortes, denn Du musstest die Wahrheit Seines Wortes niemals in Deinem täglichen Leben auf die Probe stellen. Wäre keine Gelegenheit aufgetreten, bei der das Wort Gottes meine einzige Option war, hätte ich die Kraft dieses Wortes niemals verstanden.

Es waren Leidenschaft und Hunger – Verzweiflung nach Gott – was die Heiligen in alter Zeit dazu motivierte, die Verheißungen Gottes für ihr Leben zu suchen. Von 1. Mose an bis zur Offenbarung finden wir die Anwendung dieses Schlüssels. Ein Eifer für Gott, eine Leidenschaft für Jesus, eine Begeisterung für die Wahrheit zieht immer die Aufmerksamkeit des Himmels auf sich und führt Dich zur Wahrheit. Ihr Name ist Jesus. Falls Du keinen Eifer für die von Gott für Dich vorgesehene Reise aufbringst, wirst Du nicht weit kommen, aber schnell am Ende sein.

Von dem Tag an, als ich Jesus in meinem Herzen empfangen habe, war eine brennende Leidenschaft in mir, Ihn mehr zu kennen. Ich weiß nicht hundertprozentig, warum mir der Herr Leidenschaft in meinem Leben gab. Aber ich weiß, es ist das Werk der Gnade Gottes. Ich bin dankbar, denn wegen dieses tiefen Hungers war ich niemals damit zufrieden, welchen Stand ich in Christus auch hatte. Ich bin auch jetzt *nicht* zufrieden. Je mehr ich

Gott schmecke, desto hungriger werde ich. Meine Empfindung ist, je mehr ich lerne, desto weniger weiß ich, und umso größer wird der Hunger, Ihn zu entdecken.

Ich habe einige Visionen und Heimsuchungen vom Herrn erlebt, und so dankbar ich auch für all das bin, worin Er mich gesegnet hat, bin ich trotzdem nicht zufrieden! Diese Erfahrungen haben mich hungrig nach mehr gemacht. Ich höre von Erlebnissen anderer Menschen und darbe! Ich wurde zum Inbegriff eines verhungernden, verzweifelten Menschen, der niemals genug kriegen kann. Ich will alles haben! Ich bin gierig nach Gott! Jeremia 29:11-13 besagt, man kann alles von Ihm haben, was man sich wünscht, und ich habe mich entschieden, Ihm leidenschaftlich für alles, was Er ist, zu folgen.

Mit starker Hand hat uns der Herr aus Ägypten geführt (siehe 2. Mose 13:3). Mit starker Hand! Mit starker Hand wird der Herr an diesem siebten Tag etwas tun: Er wird Ägypten aus uns und uns aus der Welt heraus nehmen! Er wird jedes Hindernis entfernen, das uns von unserer Bestimmung und der Verheißung Gottes abgehalten hat – die besagt, an diesem Tag der Vollendung werden wir vollkommen in Ihm sein, nicht nur bildhaft, sondern tatsächlich. Wir werden die Erfüllung jeder Bundesverheißung in unserer Generation erleben! Der Schlüssel in dieser Stunde ist für uns Leidenschaft! Werde an diesem Tag nicht als lauwarme Gemeinde vorgefunden! Entfache die Flamme der Leidenschaft in Deinem Herzen – kehre zur ersten Liebe zurück und erlaube Jesus, zu dieser Stunde erneut Deine herrliche Leidenschaft zu sein!

Du musst nicht herausfinden, wie Du von dort, wo Du bist, zur Leidenschaft kommst. Auch musst Du nicht versuchen und eine Regel erarbeiten, wie Du dorthin kommst. Es genügt zu sagen: „Ja, Herr!“ Erkenne, Gott hat Dich mit einer Absicht für diese

Generation in diese Welt gebracht. Als Kind Gottes hast Du eine besondere Bestimmung in Deiner Generation. Diese Zeit ist eine der außergewöhnlichsten Zeiten, die wir als Gläubige jemals erfahren werden.

## Keine Grenzen in Gott

Ein Ausdruck in christlichen Kreisen für diejenigen, die in einem Bereich niemals zuvor erfahrener Offenbarungen wandeln, besagt, sie befänden sich „an vorderster Front des Entdeckten". Während dieses auch zutreffen mag, strebt mein Herz danach, über diese Front hinaus zu gelangen! Der Wunsch meines Herzens und meine Leidenschaft führen mich dahin zu glauben, dass es für jene, die Gott vertrauen, keine Begrenzungen gibt. Zu lange haben wir uns weit entfernt von dem niedergelassen, was für uns verfügbar gewesen wäre, und während ich für all diejenigen dankbar bin, die an vorderster Front standen, verlange ich nach mehr. Ich möchte so weit draußen sein, dass ich die vorderste Front nicht mal mehr sehen kann. Ich stehe im Glauben für das, was ich noch nie gesehen oder gehört habe.

Werden wir das, was uns gegeben ist, anwenden – unseren tief empfundenen schallenden Schrei: „Ja, Herr!" – so wird uns der Herr dort begegnen und die Defizite unseres Lebens ausgleichen. Zu diesem Zeitpunkt werden wir in unsere Bestimmung eintreten und unser Glaube wird zunehmen.

**Und Mose sagte zu Aaron: Befiehl der ganzen Gemeinde der Söhne Israel: Tretet vor den HERRN, denn er hat euer Murren gehört! Da geschah es, als Aaron zur ganzen Gemeinde der Söhne Israel redete und sie sich zur Wüste hinwandten, siehe, da erschien die Herrlichkeit des HERRN in der Wolke.** 2. Mose 16:9+10

Als Christen neigen wir dazu, um jeden Preis jegliche Wüstenerfahrung zu vermeiden. Trotzdem ist dort die Herrlichkeit Gottes erfahrbar und zu erkennen, wozu sie da ist! Das Beispiel des Lebens Jesu zeigt uns, dass Er fortwährend in die Wüste ging, um mit dem Vater alleine zu sein. Es war ein Ort der innigen Gemeinschaft mit dem Herrn, nicht nur ein Ort des Tests und der Versuchung. – 2. Mose 16:11-12 fährt fort:

> **Und der HERR redete zu Mose und sprach: Ich habe das Murren der Söhne Israel gehört. Rede zu ihnen und sprich: Zwischen den zwei Abenden werdet ihr Fleisch essen, und am Morgen werdet ihr von Brot satt werden! So werdet ihr erkennen, dass ich der HERR, euer Gott bin.**

Dann besagt Vers 22:

> **Und es geschah am sechsten Tag, da sammelten sie das Doppelte an Brot, zwei Gomer für jeden Einzelnen. Da kamen alle Fürsten der Gemeinde und berichteten es Mose.**

Wir wissen, *sechs* ist die Zahl des Menschen. Für sechs Tage übergab der Herr die Verwaltung dieses Weinbergs den Menschen. Sechs Tage lang haben wir im Schweiße unseres Angesichts oder mit eigenem seelischem Verständnis Brot gesammelt. Aber jetzt befinden wir uns im Übergang vom sechsten zum siebten Tag, und etwas Übernatürliches geschieht. Wir betreten einen Tag (den siebten), der eine neue Strategie von uns erfordert; einen Plan, der unserer Art zu denken und zu handeln fremd ist.

## Neues Manna wird ausgeschüttet

Wir müssen verstehen, zu dieser Stunde werden unser Streben und unsere Bildung fruchtlos sein. Versuchen wir, das Manna von gestern für diese neue Zeit anzuwenden und zu verzehren (die freigesetzte Offenbarung der vergangenen Bewegungen Gottes), wird es auf unseren Zungen faulig und ekelig und voller Würmer sein! Heute benötigen wir neues Manna, und dies wird eine doppelte Portion sein. Sobald wir in den siebten Tag wechseln, werden wir die Freisetzung einer *doppelten Portion* erleben, die uns stärken und für die vor uns liegenden Tage befähigen wird.

Während dieser Zeit des Übergangs wird der Herr außerordentliche Einsicht und Offenbarung freisetzen, eine doppelte Portion, die uns gestatten wird, in die Ruhe einzutreten und dort zu bleiben. Im Johannesevangelium, Kapitel 2, lesen wir die Geschichte vom Hochzeitsfest in Kana, welches am dritten Tag stattfand (erinnere Dich, wir wechseln ebenfalls aktiv vom zweiten Tag in den dritten Tag - siehe Johannes 2:1-12). Als es keinen Wein mehr gab, sagte Jesu Mutter den Dienern, sie sollten tun, was immer Er ihnen zu tun auftragen würde. Jesus befahl ihnen, sechs Krüge mit Wasser zu füllen, davon zu nehmen und den Trank dem Speisemeister zu geben. Während das Wasser geschöpft und dem Speisemeister gegeben wurde, verwandelte es sich in neuen Wein.

Nehmen wir aus den Wasservorräten des Wortes, findet in unseren Herzen eine Umwandlung statt, und neuer Wein wird freigesetzt. Mit anderen Worten, sobald wir aussäen, was wir vom Wort Gottes besitzen, kommt neue Offenbarung für einen neuen Tag hervor! In dieser Zeit erleben wir eine Freisetzung von frischem Manna, so viel wie eine doppelte Portion. Die Offenbarung wurde für diese Generation aufgehoben, und wird uns in die Fülle der Erkenntnis Gottes bringen.

Es scheint, ich kann die Bibel nicht mehr aufschlagen, ohne dass eine frische Offenbarung ausströmt. Es gab Zeiten in meinem Leben, in denen ich die Bibel las und studierte, und es war, als triebe ich verloren im All. Doch jetzt bin ich fast überwältigt, wenn ich das Wort aufschlage und zu lesen beginne.

**Er sagte nun zu ihnen: Dies ist es, was der HERR geredet hat: Morgen ist eine Sabbatfeier, ein heiliger Sabbat für den HERRN. Was ihr backen wollt, backt, und was ihr kochen wollt, kocht! Alles aber, was übrig bleibt, legt für euch zurück zur Aufbewahrung bis zum nächsten Morgen!** 2. Mose 16:23

Interessanterweise lautet es zuvor in Vers 12:

**Ihr werdet Fleisch am Abend haben.**

Nach jüdischem Verständnis beginnt der Sabbat am Freitagabend. Während des Wechsels von einem Tag zum anderen, bei Sonnenuntergang, beginnt der neue Tag. Wir betreten gerade unseren Sabbattag, den siebten Tag. Der Übergang ist in vollem Gange, und es ist Zeit für Fleisch! Festes Fleisch gehört denen, die ...

**... infolge der Gewöhnung geübte Sinne haben zur Unterscheidung des Guten wie auch des Bösen.** Hebräer 5:14

An diesem Tag werden wir volljährig und fähig sein, das Wort der Wahrheit richtig zu beurteilen. Viele Menschen in Gottes Volk werden an diesem Tag gereift sein. – 2. Mose 16:24-26 besagt:

**Da legten sie es zurück bis zum nächsten Morgen, wie Mose geboten hatte, und es wurde nicht stinkend, und es kam kein Wurm hinein. Mose sagte: Esst es heute, denn heute ist ein Sabbat für den HERRN! Heute werdet ihr auf dem Feld nichts finden. Sechs Tage sollt ihr es sammeln, aber am siebten Tag ist Sabbat, da gibt es nichts.**

2. Mose 16:24-26

Weder der Arm des Fleisches, die Argumentation von Männern und Frauen, noch Theologie, Lehre und Traditionen werden Deinen geistlichen Menschen mehr nähren. Du musst Manna vom Himmel bekommen, und dieses muss frisch und neu sein.

## Göttliche Führung aus dem Himmel

Es gibt Reichtümer im Himmel, die Gott für diese Generation und nur für diese Generation aufbewahrt hat. Das Manna stärkte sie 40 Jahre lang in der Wüste, und das Manna, an dem wir in dieser Generation teilhaben werden, wird uns für die Ewigkeit ausrüsten. Sehr viele werden eine Kostprobe, einen Eindruck und eine Erfahrung mit ewigen Dingen haben, wenn der Herr für uns die Verheißung des siebten Tages auslöst. In der ganzen Welt gibt es Hinweise und Zeichen dieses himmlischen Eingreifens. Zwei unserer Freunde, Harold (der kürzlich heimging, um beim Herrn zu sein) und Kaye Bayer, haben buchstäblich und übernatürlich Manna aus dem Himmel bekommen. Diese Manifestation ereignete sich 30 Jahre lang in ihrem Dienst und auf ihren Reisen. Teilten sie dieses mit Menschen in der ganzen Welt, wurden viele geheilt und freigesetzt. Dies ist ein deutliches Zeichen von Gottes Versorgung für Seine Kinder. – 2. Mose 16:27+28 sagt:

> **Aber am siebten Tag geschah es, dass dennoch einige vom Volk hinausgingen, um zu sammeln, doch sie fanden nichts. Da sprach der HERR zu Mose: Wie lange habt ihr euch nun schon geweigert, meine Gebote und Gesetze zu halten!**

Der Herr beobachtet jene, die Er in die Position der Leiterschaft und Autorität gestellt hat. Der fünffältige Dienst ist dafür da, Dich auf das vorzubereiten, in das Gott Dich berufen hat (siehe Epheser 4:11). Falls der Dienst Dir kein frisches Manna zu essen geben kann, falls er Dich nicht dazu bringen kann, das Fleisch zu zerkauen, und falls er Dich nicht mit dem verbinden kann, von dem Gott sagt, es sei Deine Bestimmung für diesen Tag, hat er versagt.

Es geht nicht darum zu kommen, eine wunderbare Predigt zu hören und jede Woche unterhalten zu werden. Es geht darum, dass Dein Leben verändert wird und Du zu allem wirst, wozu Du berufen bist. Dann sollst Du freigesetzt werden, um in Deiner von Gott gegebenen Bestimmung zu handeln. Noch einmal – wir werden mit obigen Versen daran erinnert, dass die gestrigen Methoden heute nicht mehr funktionieren. Die vergangenen Programme sind nicht länger fähig, eine Gemeinde zu ernähren und zu erhalten, die dazu berufen wurde, in Ihm verborgen zu sein und sich nur auf Ihn zu stützen. Selbst wenn wir nach diesen alten Methoden suchen, sie werden nicht länger bei uns gefunden werden.

**Seht, weil euch der HERR den Sabbat gegeben hat, darum gibt er euch am sechsten Tag Brot für zwei Tage. So bleibe nun jeder von euch daheim, niemand verlasse am siebten Tag seinen Lagerplatz! So ruhte denn das Volk am siebten Tag.** 2. Mose 16:29+30

Das ist stark! Unser Platz soll in Ihm gefunden werden. Wir sind Sein Leib. Wir sollten in Ihm bleiben und nicht länger durch unsere eigenen Motivationen bewegt werden, sondern uns nur bewegen, wenn Er es tut, und nur dorthin gehen, wohin Er geht. Der Prophet Joel spricht von einer Armee, die am Ende der Zeit hervorkommt. Joel 2:7 beschreibt, wie jeder in seiner Reihe marschiert und sich nicht von seinem Platz bewegt. Sie gehen nur als Einheit voran, wenn Gott spricht. Das ist das Bild von *Ruhe* während der Endzeit. Bewegt sich diese Armee, flieht der Feind, denn dann sind wir in Einheit; der Leib wurde zu einem lebendigen Organismus und handelt in vollkommener Harmonie und Symmetrie.

Wir müssen zu einem Volk werden, das an dem Manna teilhat und vom Fleisch isst; ein Volk, das an seinen Platz gelangt und dort bleibt. Nur wenn Er sagt, wir sollten uns bewegen, tun wir es, und wir sprechen nur, wenn Er es uns aufträgt, und wir tun nur das, was Er uns zu tun befiehlt. Dann werden die Kanaaniter, die Hewiter, die Jebusiter und die Ammoniter ausgerottet, und alles, was übrig bleibt, werden die Favor-iten[8] sein. Das sind wir! – 2. Mose 20:8 sagt:

**Denke an den Sabbattag, um ihn heilig zu halten.**

Behalte das im Hinterkopf. Lass das in Deinem inneren Menschen nachhallen! Schreib es an Deine Wände, wenn Du es musst, aber verstehe: Dieser Tag ist für Gott heilig! Dieser siebte Tag ist mit einer Absicht von Gott geheiligt und abgesondert worden. Er wurde vom Vater 6.000 Jahre beziehungsweise sechs Tage lang erwartet. Gott hat sich nach dieser Generation gesehnt. Mit großer Erwartung hat Jesus nach dieser Zeit und Periode Ausschau gehalten, denn bald wird der Vater sagen: „Geh, hol dir deine Braut! Geh, und bring sie nach Hause!"

Sechs Tage lang sollst Du arbeiten und all Deine Werke tun, aber der siebte Tag ist der Sabbat des Herrn, Deines Gottes; dann sollst Du *keine* Arbeit tun! – Wir müssen damit aufhören, den Arm des Fleisches zu benutzen, um die Absichten Gottes zustande zu bringen! Bitte, höre mein Herz, wenn ich dies sage: Wo auch immer ich hingehe, sagen wohlmeinende Menschen: „Wir wissen, der Dienst kann ohne Finanzen nicht voran gehen." Während diese Aussage zum Teil wahr ist, müssen wir aber einsehen, dass wir Gott durch das Aussprechen solcher Dinge begrenzen. Das Evangelium *kann* ohne Finanzmittel gepredigt werden. Es ist nicht durch menschliche Wirtschaftlichkeit eingeschränkt! Der Herr wird das Werk vollenden, auch wenn Er für Raben sorgen muss, um Dich zu sättigen, oder mit Manna vom Himmel für Dich sorgt, oder Dich mit Honig aus einem toten Löwen speist. Der Herr kann und wird die Aufgabe erledigen. Wir müssen einige unserer unbiblischen Einstellungen überdenken und lernen, uns in *allem* auf den Herrn zu stützen, nicht nur dort, wo wir augenscheinlich keine Kontrolle haben. Die Schätze des Himmels sind gewaltig und unbegrenzt.

8 Engl. „favor" = Gunst

## Wunder in Malaysia

Wir kennen einen Pastor in Kuala Lumpur, Malaysia, der uns einen erstaunlichen Bericht gab, wie der Herr auf wundersame Weise benötigte Mittel bereitstellt. In der ersten Zeit des Dienstes befand sich die dortige Gemeinde in einem Haus, das sie angemietet hatte. Dann sagte der Herr: „Glaubt für ein Gemeindegebäude." Sie begannen, ihren Glauben auszuüben, und vertrauten Gott für ein bestimmtes Haus, das sich auf der anderen Straßenseite ihres Standortes befand und während dieser Zeit zum Verkauf stand. Die Gemeinde bestand aus etwa 20 Mitgliedern. Nachdem der Pastor das Gebäude geprüft hatte und einverstanden war, es für eine genannte Geldsumme zu kaufen, teilte er seiner Versammlung mit, sie würden ungefähr 75.000 Ringgit (ca. 20.000 Euro) benötigen, um den Kaufvertrag abzuschließen.

Während dieser Zeit waren die Opfer in der Gemeinde nicht sehr hoch, da das durchschnittliche Einkommen sehr niedrig war. Trotzdem war der Glaube des Pastors derart, dass er unerschütterlich in seiner Haltung und seinem Vertrauen war, den Herrn gehört zu haben und dass dieser versorgen würde. Am Sonntag, bevor sie zum Liegenschaftsamt gehen sollten (sie waren dort Montagmorgen, am nächsten Tag), stand er in seiner Kanzel, bevor das Opfer eingesammelt wurde, und erklärte, Gott sei kein Lügner. Der Herr hätte ihnen mitgeteilt, das Gebäude gehöre ihnen, und somit würde genug zusammen kommen, um dieses zu kaufen!

Als sie das Opfer einsammelten, beobachtete der Pastor, wie der Opferkorb herumging. Mit seinen natürlichen Augen sah er nur wenige Ringgit in den Opferkorb gehen. Als jeder die Gelegenheit zum Geben gehabt hatte, sagte der Pastor: „Bringt mir das Opfer hier herauf; wir werden es zählen."

Während sie an der Kanzel standen, fassten sie in den Opferkorb und holten das Geld heraus; wieder und wieder fuhren sie damit fort, in den Korb zu greifen – bis sie 78.000 Ringgit zusammen gezählt hatten! Der Herr hatte ein kreatives Wunder mit der Vermehrung dieses Geldes getan, bis es genug war, um das neue Gebäude kaufen zu können.

Was mich ermutigte, war, dass der Pastor nicht einmal über die Fähigkeit des Herrn bei der Versorgung überrascht war! Allerdings überraschte ihn der Betrag: So weit er verstand, brauchte die Gemeinde nur 75.000 Ringgit. Als er am nächsten Tag zum Büro ging, um den Gebäudekauf abzuschließen und die Papiere zu unterzeichnen, wurden sie gewahr, weitere 3.000 Ringgit an zusätzlichen Abgaben zahlen zu müssen, von denen ihnen nichts gesagt worden war. Der Herr wusste im Voraus genau, was benötigt würde, und Er versorgte übermäßig – über das hinaus, was sie erbeten oder sogar erwägt hatten (siehe Epheser 3:20). Gott wird durch die Wirtschaft dieser Erde nicht beeinträchtigt.

Mit Traditionen und unserer natürlichen Denkweise begrenzen wir Gott. Wir müssen entdecken, sobald wir Christus angenommen hatten, wurden wir zu neuen Kreaturen. Wir sind übernatürliche Wesen, und wir haben einen übernatürlichen Gott. Wir müssen damit aufhören, uns selbst auf die Begrenzungen des natürlichen Raums zu beschränken. Unser Dienst gilt einem übernatürlichen Gott, und wir sind übernatürliche Wesen. Alles ist dem möglich, der glaubt (siehe Markus 9:23).

# 5

# Das Zeichen des Sabbats

**Und der HERR redete zu Mose und sprach: Du aber rede zu den Söhnen Israel und sage ihnen: Haltet nur ja meine Sabbate! Denn sie sind ein Zeichen ...** 2. Mose 31:12+13

Der siebte Tag sollte ein Zeichen und eine Erinnerung an alles sein, was der Herr für Sein Bundesvolk getan hat, sowie auch als Symbol des Bundes mit Seinem Volk gelten. Er sollte die Nation Israel an die Verheißungen Gottes erinnern und über die Erfüllung dieser Verheißungen nachdenken lassen. Er war ein Vorbild, der auf einen bestimmten Tag hinwies – einen Tag der Erfüllung, einen Tag der Vollendung und Ruhe, und er deutet auf diesen Tag.

Dieser siebte Tag soll der Tag der Erfüllung sein, auf den der vorangegangene Urtyp hinweist. Während dieses neuen Tages werden wir Zeugen einiger höchst ungewöhnlicher Zeichen und Wunder und bestätigender Machttaten, die nie zuvor so in der uns bekannten Geschichte der Menschheit geschehen sind. Sie werden sowohl durch uns freigesetzt als auch souverän von oben auf uns herab regnen. *Dieser* siebte Tag ist ein Zeichen, und er wird voller übernatürlicher Manifestationen sein, die dem natürlichen Verstand trotzen.

## Der Tag der Heiligung

Der siebte Tag war ebenso ein Tag der Heiligung. Der Prozess der Heiligung wird für jene vollendet sein, welche die Verheißung auf diesen Tag begrüßen. Der Herr wird vervollständigen, was

Er in uns begonnen hat. Er wird uns an den Ort der Hingabe, Absonderung und Heiligung bringen. Wir werden das sein, was Er über uns sagt.

Seit ich mit 14 Jahren Christus als Herrn annahm, folgte ich Gott in einer Weise, die durch meine religiöse Umgebung geprägt war. In Wahrheit wollte ich tatsächlich Gott, aber ich wusste nicht, wie ich Ihn erreichen konnte. Ich sagte: „Gott, ich will geheiligt sein, ich will sein, wie Du mich haben möchtest!“ Ich folgte diesen Leitbildern, ohne zu wissen, was sie bedeuten, und ohne eine Idee zu haben, was ich tat, aber ich setzte dazu alle Kraft ein. Ich war wie ein Schattenboxer und gewann jede Runde. Ich kam auf keinen grünen Zweig, aber ich gewann jede Runde. Ich bekam einen Hauch von *„oh Ja“!* Dieser religiöse Geist kam auf mich und fühlte sich gut an, aber es gab keine bleibende Frucht! Letztendlich, nach einer weiteren Runde des Schattenboxens und der Erkenntnis, dass ich nirgends ankam, sagte ich: „Gott, das macht keinen Sinn, ich möchte alles, von dem Du sagst, es gehört mir, aber ich bin frustriert. Ich weiß nicht, wie ich dort hinkomme.“

Er sagte: „Nun, hör damit auf.“

„Aber, Gott ...“

„Nein, Bruce, hör auf, dich anzustrengen. Ich will das Werk vollbringen. Du triffst die Wahl, und ich bringe die Veränderung!“

Weißt du, warum ich wirklich frustriert war? Was ich dachte zu wünschen, geschah nicht in der Art, wie ich es wollte, noch geschah es so schnell, wie ich dachte, dass sich diese Wünsche erfüllen würden. Ich war ein Produkt meiner Gesellschaft, die alles jetzt will! Aber Gottes Plan ist perfekt. Seine Wege sind nicht unsere Wege, noch sind Seine Gedanken unsere Gedanken. So tat ich, was Er mir gesagt hatte: Ich hörte auf!

**Haltet also den Sabbat, denn heilig ist er euch.** 2. Mose 31:14a

Er ist Gott heilig, und Er sagt, dass Er von uns als heilig betrachtet werden soll.

**Wer ihn entweiht, muss getötet werden, ja, jeder, der an ihm eine Arbeit verrichtet, eine solche Seele soll aus der Mitte seiner Völker ausgerottet werden.** 2. Mose 31:14b

Jahrelang habe ich diese Tatsache wiederholt: Der Arm des Fleisches wird Gottes Willen niemals ausführen. Falls wir diesen Sabbat, diesen siebten Tag entweihen, werden geistlicher Tod und Trennung von Gott das Ergebnis sein. Gestrige Denkmuster werden bei der Verfolgung von Gottes Willen an diesem Tag ineffektiv sein. Der Arm des Fleisches, menschliche Versuche eigener Stärke und eigener Auffassung, werden eher darin enden, einen geistlichen Ismael zu gebären, als den Willen Gottes.

## Ruhe in Seinem Glauben

An diesem Tag *müssen* wir in Seine Ruhe eingehen. Die Kinder Israels wanderten 40 Jahre lang in der Wüste umher; und wegen ihres Unglaubens kamen sie nicht in die Ruhe (siehe Hebräer 4). Es lag nicht daran, dass sie keine Menschen des Bundes gewesen wären oder der Herr sich nicht in ihrer Mitte mit noch nie dagewesenen Wundern bewegt hätte. Dies geschah wegen ihres Unglaubens!

So viele Menschen sagen: „Also, würde Gott heute solche Wunder tun, dann würden wir glauben." Einige würden glauben ... das ist wahr, aber die Mehrzahl der Christen klammert sich an ihren Unglauben, wie an eine altbekannte und reichlich abgenutzte Schutzdecke.

Nach Seiner Auferstehung begegnete Jesus mehr als 500 Menschen gleichzeitig (siehe 1. Korinther 15:6), und sie bezeugten die Auferstehung Christi persönlich. Jetzt überdenke dieses: Er beauftragte jeden von ihnen, in Jerusalem zu bleiben und auf die Verheißung des Heiligen Geistes zu warten, aber nur 120 Personen gehorchten Ihm. – Wir sollten nicht so schnell darüber sprechen, was wir unter bestimmten Umständen tun *würden*, sondern eher das weitergeben, was wir schon *tun!*

**So sollen denn die Söhne Israel den Sabbat halten, um den Sabbat in all ihren Generationen zu feiern, als ewigen Bund. Er ist ein Zeichen zwischen mir und den Söhnen Israel für ewig.** 2. Mose 31:16+17

## Die Kraft des Bundes

Es gibt zwei hauptsächliche Arten von Bündnissen, die man im Kontext der Bibel finden kann. Diese können so zusammengefasst werden: Ein einseitiger, bedingungsloser Bund und ein zweiseitiger, vorbehaltlicher Bund, gestützt auf die Reaktion der einbezogenen Personen. Ohne eine Doktorarbeit schreiben zu müssen, können wir die Bündnisse wie folgt erklären: Trete ich in einen einseitigen Bund mit einer Person ein, sage ich: „Bruder, ich werde all dieses für dich tun, denn ich mag dich, du dagegen brauchst nichts dafür zu tun." Anschließend wird der Bund durch die Zeremonie einer gemeinsam geteilten Mahlzeit geschlossen. Dann wäre ich schuldig, diesen Bund bis zu dem Ausmaß der eingegangenen Verpflichtung zu erfüllen.

Die zweite Art ist ein zweiseitiger Bund. Wir schließen einen Bund und tauschen eine Mahlzeit, Gürtel und Schwerter aus (ich vereinfache, denn dies ist nicht mein Hauptaugenmerk), und es gibt einen Austausch von Blut. Im Wesentlichen verpflichten wir uns, unsere Kraft gegen die Kraft unseres Bundespartners einzutauschen, unsere Unfähigkeit für seine Fähigkeit, unseren Mangel für seinen Überfluss, und unser Leben für sein Leben. Dadurch werden unsere Feinde zu seinen Feinden und unsere

Kämpfe zu seinen Kämpfen. Ebenso schließen wir uns seiner Sache an und bleiben ihm unser ganzes Leben lang treu, sogar bis hinein in die uns nachfolgenden Generationen.

Das ist die Art des Bundes, die der Herr in allen Generationen als einen ewigen Bund eingerichtet hat. Der Herr hat sich festgelegt, Seine Bundesversprechen am siebten Tag zu erfüllen, und das Einzige, das Er uns zu tun bittet, ist, uns daran zu erinnern und die Absicht dahinter zu verstehen. Wir werden in Seine Ruhe eingehen. Diesen Bund hat Er uns gegeben! Wie können wir das tun? Gib auf – beende Deine eigenen Werke, und verlass Dich ganz auf Ihn.

> **Und Mose versammelte die ganze Gemeinde der Söhne Israel und sagte zu ihnen: dies sind die Worte, die der HERR zu tun geboten hat: Sechs Tage soll man seine Arbeit verrichten, aber den siebten Tag sollt ihr heilig halten, er sei euch ein ganz feierlicher Sabbat für den HERRN. Jeder, der an ihm eine Arbeit verrichtet, muss getötet werden.** 2. Mose 35:1+2

## Tödliches Feuer der Zunge

Noch einmal: geistlicher Tod resultiert daraus, sich auf den Arm des Fleisches zu verlassen. Am alten Modell des Dienstes gewohnheitsmäßig festzuhalten, wird bei der Gemeinde des siebten Tages nicht funktionieren. – Vers 3 sagt:

> **Ihr dürft am Sabbattag in all euren Wohnsitzen kein Feuer anzünden.**
> 2. Mose 35:3

Jakobus 3:5 besagt:

> **So ist auch die Zunge ein kleines Glied und rühmt sich großer Dinge. Siehe, welch kleines Feuer, welch einen großen Wald zündet es an!**

Die Zunge ist ein Feuer, eine Welt der Ungerechtigkeit. Sie verschmutzt den ganzen Leib und entzündet das Wesen des Charakters. Nach Jakobus wird sie von der Hölle in Brand gesteckt.

*Am Sabbattag dürft ihr kein Feuer in all euren Wohnsitzen anzünden* (nach 2. Mose 35:3). Falls der Herr kommen muss, um unseren Mund zuzunähen, so soll es geschehen!

Weißt du, wenn Er sagt: „*unter euren Gliedern*“ (Jakobus 3:6), so spricht Er über den Leib Christi, und wir sind der Leib Christi. Wir zerstören einander mit den Worten unseres Mundes. Wir entzünden ein Feuer im Schoß, im Herzen, im Leben eines jeden, mit dem wir in Kontakt kommen, wenn wir Tod statt Leben und Fluch statt Segen sprechen. Aber Gott sagt: *An diesem Tag darfst Du kein Feuer an Deinem Wohnort, in Deinem Haus, anzünden* (siehe 2. Mose 35:3).

Wir müssen ein Volk des Wortes Gottes sein, das nur spricht, wenn Gott spricht. Wir müssen damit aufhören zu kritisieren, schlecht zu reden, zu verleumden, zu verurteilen und zu richten. Dies muss aufhören, oder wir werden niemals in die Fülle der Verheißung Gottes eintreten.

Je mehr wir lernen, desto weniger werden wir sprechen. Je mehr Offenbarung Er uns gibt, desto mehr Weisheit werden wir brauchen, ehe wir unseren Mund öffnen. Da diese Generation berufen und freigesetzt ist, während dieser Zeit unter einem größeren Gewicht der Herrlichkeit zu wandeln als vergangene Generationen, müssen wir diese grundlegende, aber dennoch schwer fassbare Wahrheit verstehen; wir müssen langsam zum Reden, langsam zum Zorn, und schnell zum Hören sein (siehe Jakobus 1:19). Warum? Weil Leben und Tod in der Macht der Zunge stehen (siehe Sprüche 18:21). Eine schöpferische Kraft wird freigesetzt, wenn du, der Gesalbte Gottes, sprichst. Entweder ist es eine Kraft zum Leben oder zum Tod.

Lass mich Dir nur ein Beispiel geben. Weißt du, was das Wort *dumm* bedeutet? Christen sprechen dies immer wieder über ihre Kinder aus. Meine Frau Reshma ertappte mich dabei. *Dumm* meint, „gedankenlos und unweise zu sein". Was tun wir nur, wenn wir unser Kind *albern* nennen? Wir sagen buchstäblich: „Du bist eine gedankenlose und unweise Person." Unsere Worte tragen echte Macht, ob positiv oder negativ, um Leben und Segen freizusetzen sowie Tod oder Fluch.

## Aufwachsen in Gott

Jetzt ergänze dieses Beispiel mit dem zusätzlichen Wissen über die Freisetzung der Verheißung des siebten Tages. Was geschieht, wenn wir in dieser Generation in größere Gnade und Salbung hinein wachsen? Das Gewicht unserer Worte wird mehr Kraft aufweisen und einen noch schnelleren Wechsel als zuvor bewirken.

**Als ich ein Kind war, redete ich wie ein Kind, dachte wie ein Kind, urteilte wie ein Kind; als ich ein Mann wurde, tat ich weg, was kindlich war.** 1. Korinther 13:11

Es ist an der Zeit, unsere kindischen Methoden an die Seite zu legen und in allem in Ihn hineinzuwachsen. Dies ist ein Tag der Ruhe, der Erfüllung der Bundesverheißung und der Vollendung. Vor uns liegt eine große Möglichkeit, in die Fülle Seiner Verheißungen einzutreten – die Entscheidung liegt bei uns.

Wir müssen ein Volk des Wortes Gottes sein und unsere Zungen Gott geben und überlassen. Das bedeutet nicht unsere Vollkommenheit, aber wir müssen schnell zur Buße bereit sein, langsam zum Reden und zum Zorn.

Bereuen wir ungöttliche, kein Leben hervorbringende Worte, beenden wir dadurch ihre schöpferische Fähigkeit, und sie erlöschen. Bring jene vergangenen Bekenntnisse und Aussagen des Unglaubens unter das Blut. An diesem siebten Tag dürfen wir in unseren Wohnstätten, in diesem Tempel (dem gesamten Leib Christi) und in der Welt „kein Feuer anzünden".

Hier ist ein weiteres Beispiel dafür, wie Gläubige nicht damit übereinstimmen, was Gott über sie gesagt hat. Die Bibel erklärt:

**Alles vermag ich in dem, der mich kräftigt.** Philipper 4:13

Das gilt uns, aber normalerweise wird ein Satz der Entschuldigung hinzugefügt: „Also, ich habe diese Krankheit und jene Schmerzen; ich habe kein Geld; ich war noch nie auf der Bibelschule; ich weiß nicht, wie; man muss das Praktische sehen; der Hund hat meine Hausaufgaben gefressen ..."

Ich möchte Dir einen kleinen Vers mitteilen, den mir der Herr vor ein paar Jahren gab:

**Sprich nur, wenn Er durch dich spricht.**
**Tu nur, was Er dir sagt zu tun.**
**Geh nur dahin, wohin Er dir sagt zu gehen.**
**Er lässt dich wissen, was du wissen musst.**

Während unseres Dienstes in Malaysia kam vor einigen Jahren eine Frau zu uns. Sie war sehr verzweifelt. Über zehn Minuten fuhr sie damit fort, von all den negativen Dingen in ihrem Leben zu berichten. Als sie endlich aufhörte und fragte: „Kannst du mir sagen, warum?", gab mir der Herr ein wenig Einsicht darüber. So teilte ich ihr mit, was mir der Herr gezeigt hatte, und wir beteten für sie. Als ich damit fertig war, sagte sie: „Also, du verstehst es nicht ...", und erneut begann sie, mir all die negativen Umstände ihres Lebens mitzuteilen. Nachdem ich das vierte Mal mit ihr durch den gleichen Kreislauf gegangen war, sagte ich schließlich, um sie zu erschüttern und ihre Aufmerksamkeit zu erlangen: „Okay, ich stimme dir zu. Vergiss, was Gott sagt, und lebe weiter in deinem Elend." Dann ging ich weg.

Ich hatte ihr einfach gesagt: „Schau, ich kann dir zustimmen, oder du kannst dem Wort zustimmen. Was willst du?" Letztendlich verstand sie die Botschaft und war tatsächlich bereit, mit dem Wort Gottes für ihre Situation übereinzustimmen.

Erkenne, wir müssen damit aufhören, unsere Umstände als die endgültige Wahrheit anzusehen. Es mögen Tatsachen sein, die wir zu bestimmten Zeiten ins Auge fassen müssen, aber die *Wahrheit* ist, was Gott über uns sagt! Was sagt das Wort über Dich? Es sagt, was Du sprechen musst! Es ist egal, was die Welt, Dein Fleisch, Dein Verstand oder Deine Gefühle über Dich sagen. – Was sagt das Wort über Dich? Das solltest Du sagen, das solltest Du glauben, und daran solltest Du festhalten. Du wirst niemals das Falsche tun, wenn Du an Gottes Wort festhältst.

**Sechs Tage soll man Arbeit tun; aber am siebten Tag ist ein ganz feierlicher Sabbat ... Keinerlei Arbeit dürft ihr tun; es ist ein Sabbat für den HERRN in all euren Wohnsitzen.** 3. Mose 23:3

An diesem siebten Tag findet eine heilige Versammlung statt. Wir dürfen nicht nur unsere Versammlung als gemeinschaftlicher Leib Christi, wo immer wir uns treffen, als heilige Einberufung an diesem Tag sehen, sondern wir müssen über unsere irdischen Treffen hinaus blicken und begreifen, an diesem Tag werden wir mit dem Herrn zusammen nach Hause gehen!

Unser Freund und Bruder in Christus, Dean Braxton, wurde im Mai 2006 für eine Stunde und 45 Minuten als klinisch tot erklärt. Als er zurückkam, gab er einige interessante Aussagen von sich. Zuerst konnte er keine Worte finden, um sein Erlebnis auszudrücken. Als er dazu in der Lage war, befahl ihm der Herr, nichts zu sagen, außer jemand würde ihm eine bestimmte Frage darüber stellen, was er gesehen hätte. Falls er gefragt würde, war ihm erlaubt, darüber zu reden. Deshalb stellte ich ihm einige Fragen, die auf meinen erfahrenen Besuchen im Himmel gründeten. Ich fragte: „Hast du dies und jenes im Himmel gesehen?" „Ja." „Gut. Was ist damit?" „Ja."

Sobald er erkannte, dass meine Neugier auf ähnlichen Erfahrungen basierte, empfand er die Freiheit, seine Erfahrungen mit mir zu teilen.

„Weißt du, was ich dort oben herausfand? Dort kannst du immer hingehen! Jeder Gläubige kann dort zu jeder Zeit hingehen!", sagte Dean.

Ich sagte: „Ja, das weiß ich, das steht so im Wort." Ich zeigte ihm, was Gottes Wort über den Zugang sagt, den wir als Glaubende zu diesem Bereich haben.

Dean sagte: „Dort steht es! Ich wusste, es ist wahr, denn ich bin da gewesen, aber vielen Dank!"

Seine herausforderndste Aussage war für mich, dass Jesus eher zurückkommt, als wir denken. Ich kann Dir nicht einmal sagen, wie oft wir auf unseren Reisen diese Aussage von Menschen gehört haben, die eine Nahtod-Erfahrung hatten (ich weiß nicht, warum sie dies „Nah-Tod" nennen, wo sie doch tatsächlich starben) oder die einen Besuch oder eine Heimsuchung vom Herrn hatten. Die Zeugnisse wiederholen sich und tönen laut; dies ist die Generation, welche den Höhepunkt von allem, was das Wort ausgesagt hat, bestätigen wird – wir werden Zeugen der Wiederkehr Christi sein!

## Ein Feueropfer

**Und ihr sollt dem HERRN sieben Tage lang ein Feueropfer darbringen.**

3. Mose 23:8

Jetzt warte mal, erst sollen wir keinerlei Feuer in der Nähe unser Wohnungen entzünden, und nun sollen wir Ihm ein Feueropfer darbringen? – Sprüche 27:21 sagt:

**Der Schmelztiegel für das Silber und der Ofen für das Gold, und ein Mann wird beurteilt nach seinem Ruf.**

**Denn unser Gott ist ein verzehrendes Feuer.** Hebräer 12:29

Der Herr schaut aus nach einem Opfer, das durchs Feuer gegangen ist. Gott möchte, dass Du Dich siebenmal in diesem Feuer bewährt hast, damit du rein, heilig und gerecht für Ihn daraus hervorkommst. Der Herr möchte, dass meine Lebensübergabe ein williges Opfer für Ihn ist. Meine Reaktion sollte sein: „Herr, was auch immer es für mein Leben kostet, um mich Dir ähnlicher zu machen, lass es geschehen.“ Sollte dies heißen, dass das Feuer der Prüfung kommen und jedes letzte Quäntchen meiner fleischlichen Natur, mein Fleisch, verzehren muss, soll es so sein. Dieses Opfer will Gott jetzt in unseren Leben. Danach schaut der Herr aus. Lass uns Ihm dieses Opfer am siebten Tag geben.

**Am siebten Tag brachte Elischama (was bedeutet: „der Gott, der hört“), der Sohn Ammihuds, ein Opfer dar.** nach 4. Mose 7:48

Vers 49 beschreibt die Bestandteile des Opfers: Silber, Gold, Mehl und Öl. Ich möchte den Schwerpunkt auf das Silberopfer legen, welches Heiligung und Erlösung entspricht. Welches Opfer können Du und ich, als das Volk Gottes, heute dem Herrn geben? Braucht Gott mein Geld? Da ich ein Kind Gottes bin, das durch das Blut des Lammes erlöst wurde, gehört Ihm schon alles. Ich bin berufen, ein Verwalter der Finanzen zu sein. Benötigt Gott mein Auto? Dasselbe Argument gilt auch hier: Nein, es gehört Ihm schon. Nur nach dem einen schaut der Herr aus, dass wir unsere Herzen und unsere Leben hingeben, all das, was in uns ist. Das spricht von einem Opfer aus Silber: Heiligung.

**Herr, ich gebe mich Dir als Opfer, um den Heiligungsprozess in meinem Leben zu vollführen und zu vollenden, damit ich zu all dem werden kann, wozu du mich berufen hast.**

Ich möchte Dich ermutigen: Der Herr wirkt an diesem siebten Tag ein schnelles Werk. Eine Beschleunigung findet statt. Ein Vorgang, der einst Jahre in Anspruch genommen hat, wird nicht mehr jahrelang dauern. Was geschehen wird, ist, dass Er die Arbeit von hundert Jahren in einem Moment tun wird.

Während wir durch Singapur und Malaysia reisten, trafen meine Frau und ich einige wunderbare Brüder und Schwestern im Herrn. Von den bemerkenswerteren Bekanntschaften hatten einige achtjährige Kinder, die übernatürliche Begegnungen mit dem Herrn erlebt hatten. In manchen Fällen wurden sie buchstäblich im Geist in den Himmel genommen, um ihrer Generation das Herz Gottes zu bezeugen und weiterzugeben. Was eindrucksvoll ist, in manchen Fällen kam eine Anzahl dieser Kinder mit einer erstaunlichen Auffassung und einem Verständnis über die Schrift zurück, und sie lehren und predigen mit einer tiefgreifenden Weisheit.

## Die Waschung mit Wasser

Ich habe dies zuvor gesagt, und sagte es noch einmal: Ein Moment in der Gegenwart des Königs ist so viel wert, wie ein tausendjähriges Studium auf der Erde! Kein Vergleich kann diese einfache und trotzdem tiefgehende Wahrheit angemessen ausdrücken. – 4. Mose 19:11+12 sagt:

**Wer irgendeinen toten Menschen anrührt, der wird sieben Tage unrein sein. Er soll sich mit dem Reinigungswasser entsündigen am dritten Tage und am siebenten Tage, so wird er rein.** (Luther)

Wasser ist ein Typus für das Wort Gottes. Dabei geht es um die Reinigung durch das Wasserbad im Wort. Ebenfalls ist Wasser ein Sinnbild für den Geist. Ich kann einfach nicht oft genug sagen: Rühre nichts Unreines an – sei kein Teilhaber an der Sünde eines anderen Menschen. Behüte Dein Herz und schütze Dein Zeugnis, indem Du Dir im Klaren darüber bist, mit wem Du arbeitest. Von aller Art des Bösen halte Dich fern.

Leg niemanden die Hände zu schnell auf. Höre auf das, was der Geist Dir mitteilt, und erkenne, was wir gestern getan haben, ist nicht notwendigerweise das, was wir heute tun sollten. Verfange Dich nicht in einem Schema oder Muster, wie Du für Menschen betest. Sei vom Geist geleitet! Wir müssen uns selbst läutern – mit der Wasserreinigung des dritten und des siebten Tages. Diese zwei Tage stehen in Verbindung. Es ist der dritte Tag seit Jesus und der siebte Tag seit Adam. Die prophetische Erfüllung jeder dieser Schriftstellen über den siebten Tag entfaltet sich in unserer Generation, und unser Verhalten wird einen Einfluss auf unsere Zukunft haben. – 4. Mose 19:19 sagt:

> **Und zwar soll der Reine den Unreinen am dritten Tag und am siebten Tag besprengen und ihn am siebten Tag entsündigen; und er soll seine Kleider waschen und sich im Wasser baden, und am Abend wird er rein sein.**

Evangelisten, nehmt zur Kenntnis: Dies ist der Tag der großen Ernte! Menschenmengen, die sich im Tal der Entscheidung befinden, werden an diesem Tag geerntet, wenn wir dem großen Auftrag gehorchen! Am siebten Tag ist es an der Zeit, uns selbst im Wort Gottes und im Gott des Wortes zu vertiefen. Dann können wir diese Reinigung mit dem Wasser des Wortes für andere Menschen freisetzen.

Ein interessanter Aspekt dieser Reinigung mit dem Wasserbad des Wortes in meinem Leben besteht darin: Als in den letzten paar Jahren einige Menschen wegen eines Heilungsgebetes zu mir kamen, wusste ich augenblicklich, dass ihre Symptome charakteristisch für Sünde in ihrem Leben waren. Das war vorher nie geschehen. Wohin ich bei meiner Vorgehensweise geleitet wurde, ist dies: Ich wende Jakobus 5 an, wo der Herr sagt, wenn ich das Gebet des Glaubens bete, würde es die Kranken retten und ihre Sünden wären vergeben (siehe Jakobus 5:15). Manchmal bete ich so: „Vater, ihre Sünden sind im Namen Jesu vergeben", und ich wende das Blut Jesu an. Wo es in der Vergangenheit schwer war, Heilung zu bewirken, habe ich eine größere Heilungsfreisetzung als jemals zuvor in den Leben notleidender Menschen erlebt.

### Heilung der Ernte

Dann dreht sich meine Frage um die Beibehaltung der Heilung. Wie bleiben die Menschen geheilt? Durch die Reinigung mit dem Wasserbad des Wortes. Dies bedeutet lehren, unterweisen und vertrauen. Lehre sie Gottes Wort, unterweise sie in Gerechtigkeit und vertraue auf Gottes Wirken. – Markus 2:23 besagt:

**Und es begab sich, dass er am Sabbat durch ein Kornfeld ging ...** (LU)

Was sind die Kornfelder? Dieses sind die Felder, von denen der Herr sagt, sie seien reif zur Ernte. Sage nicht, es werde noch vier Monate bis zur Ernte dauern. Ich sage Dir, jetzt sind die Felder reif (siehe Johannes 4:35). Sie stehen zum Abernten bereit. Überall in der Welt erwarten wir eine kommende Ernte, und ihre vollständige Freisetzung hängt von unserer gehorsamen Reaktion auf den Missionsbefehl ab. – Es geht weiter im Vers 23:

**... und seine Jünger fingen an, während sie gingen, Ähren auszuraufen.**

Ein Hunger hallt im Herzen des Herrn wider, der die letzte Ernte auf Erden erwartet: Eine Sehnsucht nach der Erfüllung der verheißenen, Ihm gehörenden Erbschaft – die Nationen der Welt.

Wer inniglich mit dem Herrn wandelt, versteht die Zeiten und hungert danach, dass diese vollständige Erlösung stattfindet.

Immer hatte ich gedacht, Evangelisation bestehe darin, an der Straßenecke zu stehen und Traktate zu verteilen, und wenn ich ehrlich bin, hat das aufgrund meiner Schüchternheit bei mir niemals funktioniert. Auf keinen Fall konnte ich das tun. Ich war gefangen durch Menschenfurcht. Als ich erkannte, dass es beim Dienst eher um eine Beziehung zum Herrn geht und darum, das zu tun, was *Er* sagt, als sich den Programmen verpflichtet zu fühlen, die durch Menschen eingeführt wurden, konnte ich in den mir vom Herrn gegebenen Gaben fließen und auch wirksamer von Christus zeugen.

Genau jetzt findet eine Ernte statt. Millionen von Menschen in der ganzen Welt haben eine Begegnung mit Jesus von Angesicht zu Angesicht, und Er sagt: *„Ich bin der Weg, die Wahrheit und das Leben, folge mir“* (siehe Johannes 14:16). Warum tut Er das? Es ist der siebte Tag, und Jesus und Seine Jünger wandern durch die Felder, die zur Ernte reif sind – und sie pflücken Getreideähren, weil sie hungrig sind.

## Alis göttliche Begegnung

Ein Iraner mit Namen Ali immigrierte in den späten 1990ern in die Vereinigten Staaten und lebte in Kalifornien. Ali arbeitete eifrig, als Jesus ihm eines Abends erschien. Er wurde radikal errettet und mit dem Heiligen Geist erfüllt. Für solch eine Art der Erfahrung gab es in seinem Glaubenssystem absolut kein Beispiel (auch nicht für die meisten Christen). Deshalb kaufte er eine Bibel und begann zu lesen. Er wusste nicht viel darüber, eine Gemeinde zu besuchen, deshalb fuhr er damit fort, Gott anzubeten und im Geist zu beten.

Ein paar Jahre später, nachdem er Jesus in seinem Herzen empfangen hatte, träumte er übernatürlich. In diesem Traum sah er sich selbst nicht länger in Kalifornien leben, sondern im Mittleren Westen und bei seinem Onkel in dessen Geschäft arbeiten. Sein Traum setzte sich fort, und er erinnerte sich daran, wie er seinem Onkel die Wahrheit über Jesus mitteilte, dass Er der wahre Gott sei, über die Zeit der Bedrängnis, und über alles, was auf die Nationen während der Endzeit zukommt. Aber sein Onkel wollte nichts damit zu tun haben.

Als Nächstes sah er sich plötzlich in seinem Traum selbst in die Luft erhoben, um bei Jesus zu sein. Während dieses geschah, zerbrach sein Herz, denn sein Onkel stand dort und weinte, denn jetzt begriff er, dass alles, was ihm Ali erzählt hatte, wahr war. Jetzt musste er durch die Zeit der Bedrängnis gehen. Dann wachte Ali von seinem Traum auf und dachte: „Was war das?"

Deshalb nahm er die Bibel und begann zu forschen. Aus dieser Erfahrung hatte Ali gelernt, dass die Wegnahme des Leibes Christi unmittelbar bevorsteht und schneller kommt, als wir denken.

Zwei Jahre nach seinem Traum erhielt Ali einen Anruf von seinem Onkel. Er sagte: „Ali, kannst du zurückkommen und für mich arbeiten? Ich brauche deine Hilfe, um mein Geschäft aufrechterhalten zu können!" So war Ali bald zurück im Mittleren Westen, in der Stadt, die er in seinem Traum gesehen hatte, und arbeitete im Geschäft seines Onkels – dort, wo er sich selbst in dem Geschehen gesehen hatte, welches die Gemeinde Entrückung nennt.[9]

Jetzt ist die Ernte reif – und Jesus selbst geht durch die Felder und sammelt die Ernte ein. In manchen der Nationen, durch die wir reisen, haben wir Muslime getroffen, denen Jesus erschienen war

9 Christine Darg; Miracles Among Muslims (Pescara, IT: Destiny Image Europe Publishers, 2007).

und die errettet wurden. Eine Frau, die erst vor Kurzem errettet worden war, trafen wir in einem Gottesdienst, der bei einem Ehepaar stattfand. Dieses berichtete, dass ihm sein moslemisches Dienstmädchen aus Indonesien folgende Geschichte erzählt habe:

Sie war alleine, weil ihre Arbeitgeber ausgegangen waren, als ganz plötzlich aus dem Nichts ein in weiß gekleideter Mann die Treppe herunterkam. Das Mädchen fragte: „Wer sind Sie?“ Er entgegnete: „Frag deine Arbeitgeber.“

Als diese nach Hause kamen, sagte sie: „Ein Mann erschien im Treppenhaus, der war ganz in weiß gekleidet. Wer war das?“, und sie fuhr fort, ihn zu beschreiben. Sie konnten ihr die Wahrheit der frohen Botschaft mitteilen und von Jesus erzählen, und sie wurde errettet.

Bei einer anderen Begebenheit war eine christliche Familie zu Weihnachten im Gottesdienst. Das Dienstmädchen, eine nicht errettete Muslima, war Zuhause und sah einen weißgekleideten Mann den Flur hinuntergehen. Sie fragte: „Wer sind Sie?“ Er entgegnete: „Mein Name ist Jesus. Ich bin der Weg, die Wahrheit und das Leben, folge mir.“ So bekam sie am Weihnachtstag das allergrößte Geschenk – ewiges Leben!

Das geschieht überall auf der Erde. Warum? Weil die Ernte reif ist, und es der siebte Tag ist! Die Pharisäer, die Traditionalisten, sagen: „Schau nur, was sie machen! Es ist ungesetzlich, dies am Sabbat zu tun. Gott tut so etwas nicht mehr! Wir wissen, dass es nicht der biblische Jesus ist, der den Menschen erscheint.“

Dennoch entgegnet Jesus jetzt, so wie Er es damals tat:

> **Habt ihr nie gelesen, was David tat, als er Mangel hatte und als ihn und die, die bei ihm waren, hungerte?** Markus 2:25

In Not und hungrig zu sein, verweist auf eine leidenschaftliche Person. Es ist nicht mein Privileg, das Evangelium zu predigen, auch wenn es eins ist. Es ist nicht mein Wunsch, dies zu tun, vielmehr bin ich dazu gezwungen! Das Wort Gottes ist wie Feuer in meinen Gebeinen, und es drängt mich. Es ist mir eine Not, zu dieser Stunde die Freisetzung von Männern und Frauen Gottes hinein in ihre Bestimmung zu erleben. Ich bin voller Leidenschaft und hungrig, dass dies in Erfüllung geht, denn ich möchte, dass Jesus wiederkehrt.

Es ist nicht nur: „Na gut, das klingt nach Vergnügen." So war es früher bei mir. Doch jetzt ist es ein brennendes Verlangen.

Und Er sagte zu ihnen:

> **Der Sabbat ist um des Menschen willen geschaffen worden und nicht der Mensch um des Sabbats willen; somit ist der Sohn des Menschen Herr auch des Sabbats.** Markus 2:27+28

Dieser Sabbat wurde für uns gemacht; besonders für diese Generation, und noch ausdrücklicher ist er für Dich! Der Sohn des Menschen ist der Herr über den siebten Tag. Wir werden eine Freisetzung der Herrschaft Jesu Christi auf dieser Erde erfahren, in unseren Leben und in unseren Versammlungen. Dies wird nichts entsprechen, was wir jemals zuvor bezeugt oder erlebt haben. Wir werden ein Maß Seiner Herrschaft in unseren Leben erfahren, das jedes andere, in der Vergangenheit begrüßte Erlebnis oder Verständnis übersteigen wird. Dies ist der siebte Tag, und Er wird verherrlicht werden!

# 6

# Frischer Glaube

Es überwältigt und erstaunt mich immer wieder, was der Herr für diese Generation aus Seinem Wort offenbart. Schauen wir uns die Geschichte des Einzugs in das verheißene Land im Buch Josua, Kapitel 6, an, finden wir ein ausgezeichnetes Beispiel. Der Herr sprach zu Josua als Führer der Kinder Israels, dass sie den Jordan am dritten Tag überqueren sollten (siehe Josua 3:2). Die Bedeutung von *Jordan* ist „Tod und Abstieg". Er kann auch als ein letztes Hindernis bei der Reise der Kinder Israels betrachtet werden, bevor sie die Fülle der Verheißung Gottes betraten, über die schon seit Generationen prophetisch zu ihnen gesprochen wurde. Schauen wir uns diese Schriftstelle an, finden wir Parallelen zu heute und zu einigen Hindernissen, die uns an diesem siebten Tag von unserem verheißenen Land fernhalten.

**Tod dem alten Denken**

Unausweichlich und notwendig ist der *„Tod"* einiger unserer ehemaligen Denkweisen über die Erfüllung der Vorhaben Gottes in unseren Leben. Wir müssen uns von jeder Praxis trennen, die während der Nachfolge des Herrn zur Gewohnheit wurde, und müssen lernen, uns vollkommen auf die Führung Seines Geistes zu verlassen. Es braucht ein Maß an Demut (*Absteigen*), wenn man erkennt, dass einige unserer früheren Methoden bestenfalls als menschlicher Versuch gelten können, die Verheißungen Gottes hervorkommen zu lassen, und schlimmstenfalls offenkundige Versuche sind, die Realität dieser Verheißungen in unseren Leben zu durchkreuzen. Um es einfach zu machen, der Jordan spricht buchstäblich davon, was Dich davon abhält, Dich behindert oder blockiert, an diesem siebten Tag in Deine Verheißung einzutreten.

Da sprach der HERR zu Josua: Siehe, ich habe Jericho, seinen König und seine tüchtigen Krieger in deine Hand gegeben. So zieht nun um die Stadt: alle Kriegsleute, einmal rings um die Stadt herum! So sollst du es sechs Tage lang machen. Und sieben Priester sollen sieben Widderhörner vor der Lade hertragen. Aber am siebten Tag sollt ihr siebenmal um die Stadt herumziehen, und die Priester sollen dabei in die Hörner stoßen. Und es soll geschehen, wenn man das Widderhorn anhaltend bläst und ihr den Schall des Horns hört, dann soll das ganze Volk ein großes Kriegsgeschrei erheben. Die Mauer der Stadt wird dann in sich zusammenstürzen, und das Volk soll hinaufsteigen, jeder gerade vor sich hin. Und Josua, der Sohn des Nun, rief die Priester und sagte zu ihnen: Hebt die Bundeslade auf! Und sieben Priester sollen sieben Widderhörner vor der Lade des HERRN hertragen. Zum Volk sagte er: Macht euch auf und zieht um die Stadt! Die Gerüsteten aber sollen vor der Lade des HERRN hergehen. Und es geschah, als Josua zum Volk geredet hatte, da machten sich die sieben Priester auf, die die sieben Widderhörner vor dem HERRN hertrugen, und stießen in die Hörner. Und die Lade des Bundes des HERRN folgte ihnen. Die Gerüsteten zogen vor den Priestern her, die in die Hörner stießen, und die Nachhut des Zuges folgte der Lade, wobei man immerfort in die Hörner stieß. Dem Volk aber hatte Josua befohlen: Ihr sollt kein Kriegsgeschrei erheben und eure Stimme nicht hören lassen. Kein Wort soll aus eurem Mund kommen bis zu dem Tag, an dem ich zu euch sagen werde: Erhebt das Kriegsgeschrei! Dann sollt ihr das Kriegsgeschrei erheben. So zog die Lade des HERRN um die Stadt, einmal rings um sie her; und sie kamen wieder ins Lager und übernachteten im Lager. Und früh am Morgen machte sich Josua auf, und die Priester trugen die Lade des HERRN. Und die sieben Priester, die die sieben Widderhörner vor der Lade des HERRN hertrugen, stießen im Gehen immerfort in die Hörner: Die Gerüsteten zogen vor ihnen her, während die Nachhut des Zuges hinter der Lade des HERRN folgte, wobei man immerfort in die Hörner stieß. So zogen sie auch am zweiten Tag nur einmal um die Stadt. Dann kehrten sie zum Lager zurück. So taten sie es sechs Tage lang. Und es geschah am siebten Tag, da machten sie sich früh

**auf, beim Aufgang der Morgenröte, und zogen in derselben Weise siebenmal um die Stadt; nur an diesem Tag zogen sie siebenmal um die Stadt. Und es geschah beim siebten Mal, da stießen die Priester in die Hörner und Josua sagte zum Volk: Erhebt das Kriegsgeschrei! Denn der HERR hat euch die Stadt gegeben.** Josua 6:2-16

In Kapitel 3 des Buches Josua kannst Du erkennen, der Leitung und Gegenwart Gottes zu folgen war eine Gehorsamshandlung. Diese entfernte das Hindernis (das Wasser des Jordans) für die Kinder Israels, damit sie das verheißene Land betreten konnten. Der Herr hatte Josua beauftragt, die Priester mit der Bundeslade (oder der Gegenwart Gottes) auf ihren Schultern den Kindern Israels vorangehen zu lassen. Sobald ihre Füße das Wasser berührten, teilten sich die Wasser. Hierin verbirgt sich eine Offenbarung für uns, die diesen Moment in der Geschichte betrifft.

Als Erstes müssen wir die Stimme Gottes hören können. Sind wir dazu nicht in der Lage, können wir Seiner Stimme unmöglich gehorchen.

Zweitens erfordert es unseren Gehorsam, wenn der Herr spricht. Als diese Priester einen Glaubensschritt gingen, wussten sie nicht genau, was geschehen würde. Sie wussten nur, dass der Herr ihnen Wegweisung gegeben hatte, und sie gehorchten. Sie wussten um diese Wahrheit: Gott hält, was Er verspricht. Sobald die Gegenwart des Herrn mit dem in Berührung kam, was die Verheißung Gottes von ihren Leben fernhielt, wurde das Hindernis entfernt. Und durch den glaubenden Gehorsam wurde Seine Gegenwart freigesetzt, dargestellt durch die Priester, als sie das Wasser betraten. So können wir erkennen, der Herr bereitet uns einen Weg, wo es keinen Weg zu geben scheint, wenn wir dem im Gehorsam begegnen, was Er uns zu dieser Stunde sagt. Ich weiß nicht, was Dir der Herr speziell für Dein Leben verkündet hat, aber der Weg steht Dir offen durch Gehorsam gegenüber Seinem Wort. Ohne diesen ersten Schritt wirst Du niemals erleben, dass die Hindernisse aus Deinem Weg geräumt werden.

### Der Bund der Beschneidung

Ebenfalls wirst Du bemerken, dass diese Generation für die neue Bewegung Gottes in einen Bund der Beschneidung eintreten musste. Die Strategien und Fähigkeiten der vergangenen Generationen konnten diese Generation nicht in die Erfüllung der Verheißung führen. Diese Beschneidung verweist auf eine Beschneidung unserer Herzen, um uns in eine neue Zeit der geistlichen Kampfführung und des Sieges zu führen. Die Vorbereitung ist notwendig für die beständige Veränderung und Heiligung und rüstet uns aus für unsere Reise in unsere Bestimmung. Die in der Wüste umgekommene Generation, die Gott mit Seinem starken rechten Arm aus Ägypten geführt hatte, wurde zum Beispiel dafür, was man *nicht* tun sollte. Wegen ihres Murrens, Gezänks und ihrer Rede gegen die von Gott eingesetzte Leiterschaft wanderte sie 40 Jahre in der Wüste umher und betrat niemals ihre Verheißung. Unglaube war und ist die Ursache der beständigen Wanderung in Wüstengegenden. Wir können nicht in unser verheißenes Land ziehen, wenn wir dem Heiligen Geist nicht erlauben, den Prozess der Heiligung in unseren Leben abzuschließen. Findet man Geschwätz oder Verleumdung, wird mit Verurteilung gearbeitet oder beständige Klage vorgefunden, ist die Ursache dafür Unglaube, welcher uns davon abhält, unsere Bestimmung zu erfüllen.

Wir können erkennen, dass der Herr eine neue Strategie für diesen neuen Tag gibt. Lass uns Josua 6:1 untersuchen:

**Und Jericho hatte seine Tore geschlossen und blieb verschlossen vor den Söhnen Israel. Niemand ging heraus, und niemand ging hinein.**

Das erste Hindernis, an das die Kinder Israel bei der Einnahme ihres verheißenen Landes kamen, war eine befestigte Stadt mit Namen Jericho. Diese Stadt hatte bis dahin weder erlebt, dass ihre Mauern zerbrochen wurden, noch jemals eine Niederlage durch eine gegnerische Armee erlitten. Es handelte sich um eine Bastion, die vor jeglichem Versuch, sie zu überwinden, einzunehmen oder zu zerstören, sicher war. Diese feindliche Festung musste besiegt werden, sonst hätte sie Israels weiteres Vorhaben, die vollständige Einnahme des verheißenen Landes, sehr erschwert. Die Stadt musste geschlagen werden, und dennoch schien dies für den natürlichen Verstand ein unüberwindliches Hindernis darzustellen.

Es gibt nur eine Sache, die uns erlaubt, in unsere Bestimmung einzutreten: Gehorsam gegenüber der Stimme Gottes. Wir müssen Seine Stimme hören können, und sobald wir sie vernehmen, müssen wir dem gehorsam sein, was Er uns zu tun aufträgt, egal, wie töricht es scheint. Für den natürlichen Verstand war das, was Gott dem Volk zu tun befahl, absolut lächerlich. Es stand jeder zur damaligen Zeit bekannten Form von Kriegsführung entgegen.

Der Herr sagte zu Josua, dass Er ihm dieses Land sowie dessen Könige und Volk bereits in die Hand gegeben habe (Josua 6:2). Er teilte Josua mit, dies sei bereits geschehen, das Land gehöre ihm. Deine Bestimmung ist in Jesus erfüllt. Was Gott Dir für Dein Leben versprochen hat, ist in Seinen Augen schon getan. Der Sieg ist bereits errungen.

Die Frage ist, wie wir von dem Ort, an dem wir uns befinden – wo der Sieg unmöglich erscheint – uns dahin bewegen können, wo wir laut Gott sein sollten. Sei gehorsam! Wohin auch immer Dich Gott im Leben beruft, wem auch immer Du gegenüber stehst, der Sieg gehört Dir. Was Du brauchst ist eine Strategie vom Himmel, und diese kannst Du nur bekommen, wenn Du vom Herrn hörst.

Der Herr befahl den Israeliten: *Hier ist eure Strategie. Marschiert um die Stadt mit all eurem Kriegsvolk, sechs Tage lang, jeweils einmal am Tag* (siehe Josua 6:3).

Zur Wiederholung: sechs ist die Zahl des Menschen. 6.000 Jahre lang – sechs Tage – haben wir mit unserem Arm der eigenen Stärke und unserem begrenzten Verstand versucht, die Verheißungen Gottes für unser Leben zu erfüllen. Manchmal hatten wir Erfolg, aber aufs Ganze gesehen haben wir die hohe Berufung Gottes für unsere Leben verfehlt. Wie weiß ich das? Schau Dir nur die Beschaffenheit der Gemeinde an. Es gab eine Menge Rhetorik, und dennoch ist die Frucht des Geistes, durch Charakter ausgewiesen, gar nicht oder bestenfalls oberflächlich vorhanden. Wenn Christus ähnlicher Charakter und die Frucht des Geistes in den Leben der Gläubigen zur Grundlage würden, fände eine übernatürliche Transformation der Welt statt. Ich weiß, wir alle müssen in diese Facetten des Charakters Christi hinein wachsen, meistens haben wir aber mehr Lücken dieses Charakters in der Gemeinde gesehen als in der Welt. Doch, Dank sei Gott, es ist der siebte Tag und der Herr verändert uns. Die Bibel sagt, Jesus kehrt zu einer Gemeinde zurück, die ohne Flecken und Runzeln ist. Wir befinden uns in einer Zeit der charakterlichen Neugestaltung und der Entwicklung der Frucht des Geistes in unserem Leben, während wir uns in unsere Bestimmung des siebten Tages hineinbewegen.

In Josua 6:7 beauftragte der Herr Josua: *„Sieben Priester sollen sieben Trompeten tragen ... vor der Lade des Herrn."* *Sieben* bezieht sich in der biblischen Zahlenkunde auf „Ruhe, Erfüllung der Bundesverheißung und Vollständigkeit." Im Wesentlichen sagt der Herr, dass sich eine Gruppe von Priestern in vollkommener Ruhe entsprechend des himmlischen Mandates bewegen wird. Sie werden prophetische Proklamationen in Seiner Gegenwart (die Bundeslade) erlassen und sehen, wie diese Verheißung am siebten Tag zustande kommt. Wir sind eine königliche Priesterschaft vor Ihm und werden an diesem siebten Tag die Zerstörung verschiedener *Jerichos* in unseren Leben erfahren – im Gehorsam gegenüber der Führung des Geistes Gottes.

Noch einmal, der Herr sagte: „Sieben Priester sollen sieben Trompeten aus Widderhörnern vor der Lade hertragen." Trompeten stehen sinnbildlich für prophetische Stimmen. Deshalb sind es die Priester und Propheten, die den Weckruf ertönen lassen und dazu proklamieren, und sie gehen vor der Gegenwart Gottes, der Bundeslade, her. Diese Zeichen werden denen folgen, die glauben ... Weil sie Gott glaubten und einen Schritt im Glauben gingen, wirkte der Herr, was Er zugesagt hatte. Diese Zeichen *werden* denen folgen, die glauben:

> **Und sieben Priester sollen sieben Widderhörner vor der Lade hertragen. Aber am siebten Tag sollt ihr siebenmal um die Stadt herumziehen, und die Priester sollen dabei in die Hörner stoßen. Und es soll geschehen, wenn man das Widderhorn anhaltend bläst und ihr den Schall des Horns hört, dann soll das ganze Volk ein großes Kriegsgeschrei erheben. Die Mauer der Stadt wird dann in sich zusammenstürzen, und das Volk soll hinaufsteigen, jeder gerade vor sich hin.** Josua 6:4+5

Auf diese Weise gewinnt man keinen Krieg! So belagert man keine Stadt. Man verwendet Schwerter und Pfeile sowie Öl und Feuer. Man baut Belagerungsmaschinen und schneidet die Stadt von der Versorgung und vom Wasser ab. Alles, was der Herr zu ihnen gesprochen hatte, Seine neue Strategie, stand der natürlichen Ordnung der Dinge entgegen und befand sich außerhalb des Raumes der Vernunft, soweit es den natürlichen Menschen betraf. Bei meinen eigenen Erfahrungen haben mich Versuche von Gläubigen, Muster für Gebet und geistliche Kampfführung zu entwickeln, weder amüsiert noch beunruhigt. Wir haben erlebt, wie gutmeinende Menschen sich bemühten, eine einfache Lösung für geistliche Kriegsführung zu finden, die einige der seltsamsten

Konzepte beinhalteten. Sie können Dir 37 Schritte nennen, wie man die Atmosphäre einer Stadt effektiv verändern, Menschen befreien, Familien wiederherstellen kann usw. Oberflächlich gesehen, mögen manche dieser Pläne vom Herrn beauftragt und gegeben sein, aber wir nehmen sie und beziehen sie einfach auf den ganzen Leib Christi, als hätten wir jetzt die Lösung. Dabei haben wir aber nur eine Strategie angewandt, die bei einem anderen Kampf erfolgreich war, und wollen diese nun für jede weitere Schlacht gebrauchen. Doch so wird man nicht vom Geist geleitet! Sogar in der natürlichen Welt ist jede Schlacht eines Krieges dynamisch und benötigt augenblickliche Einsicht und fortlaufende Strategie, um den Sieg davonzutragen.

## Vorsicht bei Prinzipien der Zauberei

Bei geistlichen Dingen gleichen Muster und Formeln der Anwendung von Zauberei. Die Grundsätze von Gottes Wort sind deutlich. Prinzipien sind die Basis, auf der wir gegründet sein und voran gehen müssen. Aber die Grundsätze des Wortes sind immer dem Reden Gottes unterworfen und Seiner Angabe, *wie* etwas durchgeführt werden soll. Nehmen wir Prinzipien und machen sie zu Mustern und Formeln, treten wir aus dem Raum der Möglichkeiten hinaus und in den Raum des Fleisches hinein. Dabei entfernen wir Gott aus dem Geschehen. Bleiben wir aber im Raum des Geistes, bleiben Prinzipien eben genau das – Prinzipien. Dann gehorchen wir dem Reden des Herrn, vernehmen, wie wir diese Grundsätze für jede Situation anwenden können und erleben, wie etwas Übernatürliches geschieht. Das wichtigste Prinzip in jeder geistlichen Schlacht ist: Zu gehorchen und der Leitung des Geistes zu folgen.

**Und Josua, der Sohn des Nun, rief die Priester und sagte zu ihnen: Hebt die Bundeslade auf! Und sieben Priester sollen sieben Widderhörner vor der Lade des HERRN hertragen.** Josua 6:6

Die Erzählung deutet an, dass Josua nicht mit dem Herrn über diese unübliche Strategie diskutierte. Seine Antwort überrascht, es sei denn man erinnert sich an die umfassende Beziehung zwischen Josua und dem Herrn. Während des ganzen Lebens von Mose diente Josua dem Führer seines Volkes mit einer einmaligen Intention und Leidenschaft und dem großen Verlangen, Gott zu kennen. Oft, wenn Mose das Zelt der Begegnung verließ oder als er vom Berg Sinai herunterkam, blieb Josua in der Gegenwart des Herrn. Seine Leidenschaft, sein Hunger und sein Vertrauen Gott gegenüber entstammten einer innigen Beziehung, die er entwickelte, als er dem Mann Gottes, namens Mose, diente. Wegen dieser Beziehung und seiner Fähigkeit, die Stimme Gottes zu erkennen, wankte Josua nicht in seinem Gehorsam gegenüber dem, was er hörte.

**Die Mauern von Jericho**

Gerne möchte ich Dir einige historische und archäologische Fakten über Jericho mitteilen. Auf den Mauern Jerichos konnten acht Streitwagen nebeneinander fahren. Die Wände waren etwa 12 Meter hoch und niemals durchbrochen worden. Fremde Könige und ihre Armeen waren gegen die Stadt angekommen, aber sie alle zogen wieder geschlagen ab – wegen der Uneinnehmbarkeit dieser befestigten Stadt.

Gemäß der biblischen Geschichte wurden die Mauern von Jericho heruntergedrückt, buchstäblich bis in den Boden. Als Archäologen schließlich das alte Jericho ausgruben, befanden sie zu ihrem Erstaunen den biblischen Bericht, über die bis in die Erde gestoßenen Mauern, als richtig.

Die meisten der für die Mauer verwendeten Blöcke waren riesig, und sie fanden im Inneren eines jeden Blocks ein Fach voller Kinderknochen. Der Glaube des Volkes von Jericho bestand darin, falls sie ihre Kinder dem falschen Gott Moloch opferten und deren Knochen in die Blöcke gäben, würden diese niemals durchbrochen oder erobert. So war es ... bis sie Gott begegneten. Jericho wurde als eine unbezwingbare Festung angesehen. Niemand hatte diese Stadt jemals geschlagen, bis ein Haufen herumwandernder Stämme mit einem Bund haltenden Gott aus der Wüste kam und den überfluteten Jordan überquerte.

## Vollkommener Glaube

Unglaube in Deinem Leben wird Dich in der Wüste der Verzweiflung halten und Dich schließlich in ein unerfülltes Grab bringen. Der Unglaube der vorangegangenen Generation zur Zeit Josuas, die anfangs berufen war, das verheißene Land einzunehmen, ließ sie in der Wüste sterben, und sie erlangte niemals ihre Verheißung. Glaube ist nicht die Abwesenheit von Zweifeln, sondern die Gegenwart von Glauben mitten im Zweifel. Die Frucht eines Lebensstils voller Zweifel ist sichtbar durch gewohnheitsmäßiges Beklagen, üble Nachrede, Gezänk und Schwatzen. – Erinnere Dich an den Mann im Neuen Testament, der sagte:

**Ich glaube. Hilf meinem Unglauben!** Markus 9:24

Glaube ist *nicht* die Abwesenheit von Zweifeln, sondern bedeutet, aktiv den Glauben zu benutzen, den Du inmitten von Zweifeln hast. Wäre Glaube die Abwesenheit von Zweifeln, wäre heute kein Mensch mehr am Leben, und es wäre kein „Glaubenskampf" notwendig, um irgendeine Verheißung zu erlangen.

*Niemand* besitzt vollkommenen Glauben ohne irgendeinen eindringenden Zweifel, der versucht, gegen ihn oder sie anzukommen. Ich hatte mit dem Glauben immer meinen Kampf, denn ich war gelehrt, dass man seinen Glauben aufbauen muss, und sobald man zu einem gewissen Level des „bionischen“ Glaubens (so wirkte es) kommt, kann man alles tun. Deshalb kämpfte ich immer damit, jedes winzige Gefühl eines Zweifels von meinem Leben fernzuhalten. Wir wachsen im Glauben, aber das tun wir, indem wir das Maß des Glaubens anwenden, welches wir besitzen. Jede andere Denkweise führt zu einem Gefühl der Unzulänglichkeit und des endgültigen Versagens.

Der Herr sagte in Matthäus 17:20:

**... denn wahrlich, ich sage euch, wenn ihr Glauben habt wie ein Senfkorn, so werdet ihr zu diesem Berg sagen: Hebe dich weg von hier dorthin, und er wird sich hinwegheben. Und nichts wird euch unmöglich sein.**

Er sagte nicht, Du benötigst Glauben, hoch wie ein Berg, um einen Berg zu versetzen. Nein, Du brauchst nur ein klein wenig Glauben. Es spielt keine Rolle, was Dir im Leben entgegenschlägt, welchen Umfang des Glaubens Du bekommen hast; es ist ausreichend für Dich, um den Sieg davonzutragen. Du hast genug, um alles zu tun, wozu Gott Dich beauftragt.

Jesus sagte in Johannes 14, Vers 12:

**Wahrlich, wahrlich, ich sage euch: Wer an mich glaubt, der wird auch die Werke tun, die ich tue, und wird größere als diese tun, weil ich zum Vater gehe.**

Johannes 1:3 sagt:

**Alles wurde durch dasselbe, und ohne dasselbe wurde auch nicht eines, das geworden ist.**

## Übernatürliche Autorität

Glauben wir, das Wort aus Johannes 14:12 stammt von Gott und sagt die Wahrheit, müssen wir einsehen, eine kreative Fähigkeit nach Johannes 1:3 in uns zu haben, die wir bisher weder ergriffen noch verstanden haben. In uns schlummert ein unberührtes kreatives Potential, welches buchstäblich unsere Welt formt - und zwar unsere Worte. Gott stattete Dich mit Seiner Macht, Dynamik, sowie lebens- und weltverändernder Kraft aus. Du musst dies nur glauben.

Gerne möchte ich Dir ein weiteres Beispiel über die Autorität eines Gläubigen geben. Ein Pastor in Oklahoma lebte an einem Ort, der als Tornado-Allee benannt war. Es war Tornado-Saison, deshalb ließ er sein Radio während der Büroarbeit laufen. Dann hörte er das Notsignal des Radiosenders, was bedeutete, dass sich ein Wolkenschlauch formte. Als man die Örtlichkeit dieses drohenden Tornados angab, sagte er: „Moment mal, das ist genau über meiner Gemeinde!" Er rannte nach draußen, schaute hoch und sah eine typische Wolkenformation herabkommen. Daraufhin sagte er: „Auf keinen Fall! Du ziehst dich wieder hoch, im Namen Jesu." – Und es geschah!

Dann begannen sich die Wolken wieder hinunter zu bewegen, und er sagte: „Nein, geht nach oben, im Namen Jesu!" Und sie gingen wieder hoch! Als sich die Wolkenformation zum dritten Mal zur Erde bewegte, wurde er ein wenig ärgerlich. Er brüllte: „Ich habe dir im Namen Jesu befohlen, wieder zurückzugehen und dich aufzulösen!" Und sie verschwand. Wie viel Glauben hat er dafür gehabt? Er hatte nur Glauben in Größe eines Senfkornes, trotzdem konnte er einen Tornado stoppen.

Wir verstehen nicht, was in uns wohnt. Manchmal fühlen wir uns in die Ecke gedrängt, wo wir keinen Ausweg haben, außer zu kämpfen. Das ist bedauerlich. Trotzdem ist die Wahrheit das, was Jesus tat. Er sagte, wir könnten dies ebenfalls tun. Ich mag, dass Er sagte: „Die Werke, die ich *tue*“, nicht, „die Werke, die ich tat“ (siehe Johannes 14:12). Die „Werke“, welche Er jetzt gerade wirkt, kannst auch Du tun, und sogar noch größere als diese. Fülle Deinen Geist damit: Jesus sagte nicht, die Werke, die Er vor 2.000 Jahren tat, kannst Du tun, obwohl dies Teil des Ganzen ist. Er sagte: die Werke, die ich tue! Er spricht zu uns in der Gegenwartsform Seiner Existenz. Das bringt uns auf einen ganz anderen Level und zu neuen Möglichkeiten.

## Himmel auf Erden

Was wir jetzt zu tun haben, ist aufzudecken, was Gott heute tut. Wenn ich heute den Zeugnissen auf der ganzen Welt zuhöre und über die Einwirkung des Himmels in das Leben von Menschen erfahre, bin ich ermutigt, dem Herrn für Größeres zu glauben. Wie ich schon zuvor mitteilte, besucht Er Menschen in der ganzen Welt und ruft sie zu sich. Er weckt die Toten auf. Er befreit Männer und Frauen von geistlichen, seelischen und körperlichen Gebundenheiten. Er versöhnt Familien - Ehepaare, Kinder und Eltern - miteinander. Die Liste geht immer weiter. Was Er tut, können wir tun! Ich bin ständig durch Sein Wort herausgefordert, für Weiteres zu glauben, als was ich in der Gemeinde im Allgemeinen hervorkommen gesehen habe.

Beispielsweise sagt Matthäus 10, Verse 7+8:

> **Wenn ihr aber hingeht, predigt und sprecht: Das Reich der Himmel ist nahe gekommen. Heilt Kranke, weckt Tote auf, reinigt Aussätzige, treibt Dämonen aus! Umsonst habt ihr empfangen, umsonst gebt!**

Beachte, dass das Wort nicht sagt: Du kannst keine Kranken heilen, Du kannst keine Aussätzigen reinigen, Du kannst keine Toten aufwecken oder Dämonen austreiben. Nein, Er bestimmt, Du sollst es freigiebig tun. Interessanterweise sagt Jesus nicht, nur bestimmte Arten von Krankheiten seien zu heilen. Er gibt nicht an, reinige nur eine besondere Art von Lepra und auch nicht, Du kannst nur jene Toten auferwecken, die Christen waren oder nur eine bestimmte Zeitlang begraben waren. Er bezeichnete keine besonderen Typen von dämonischen Besessenheiten oder Bedrückungen, um Seine Autorität in uns zu begrenzen. Er zog überhaupt keine Grenzen. Wie ich es gelesen und verstanden habe, können wir die Toten auferwecken, egal, ob sie errettet waren oder nicht, und egal, ob sie seit einem Tag, einer Woche, einem Monat, oder einem Jahr verstorben waren.

Jesus legte keine Begrenzung darauf – wir tun das! Bevor wir unausgegoren losgehen, möchte ich dies hinzufügen. Wir müssen vom Geist Gottes geleitet sein, und tun, wozu Er uns anweist.

> **Zum Volk sagte er: Macht euch auf und zieht um die Stadt! Die Gerüsteten aber sollen vor der Lade des HERRN hergehen. Und es geschah, als Josua zum Volk geredet hatte, da machten sich die sieben Priester auf, die die sieben Widderhörner vor dem HERRN hertrugen, und stießen in die Hörner. Und die Lade des Bundes des HERRN folgte ihnen.** Josua 6:7+8

Es gab einen Klang, eine prophetische Stimme wurde in der Atmosphäre freigesetzt. Beachte, Er sagte, lasst die bewaffneten Männer auch vor der Bundeslade hergehen. So gingen die Priester mit den Trompeten und die bewaffneten Männer vor der Bundeslade her. Wer nicht bewaffnet war, folgte der Bundeslade. Bist Du für die Generation, in der Du lebst, geistlich vorbereitet? Bist Du mit Gottes Geist und Wort gerüstet und wirst durch die Gegenwart Gottes geführt? Werden wir zu einem Volk, das sich in die Gegenwart Gottes und in den Gott der Gegenwart vertieft. Sind wir ein Volk, das sich nach den tieferen Dingen Gottes sehnt, so werden wir gerüstet und vorbereitet. Dann werden uns die Zeichen folgen, wo auch immer wir hingeführt werden.

## Der Klang des Sieges

> **Die Gerüsteten zogen vor den Priestern her, die in die Hörner stießen, und die Nachhut des Zuges folgte der Lade, wobei man immerfort in die Hörner stieß. Dem Volk aber hatte Josua befohlen: Ihr sollt kein Kriegsgeschrei erheben und eure Stimme nicht hören lassen. Kein Wort soll aus eurem Mund kommen bis zu dem Tag, an dem ich zu euch sagen werde: Erhebt das Kriegsgeschrei! Dann sollt ihr das Kriegsgeschrei erheben.** Josua 6:9+10

Dies würde heute ein absolutes Wunder brauchen. Sogar, als ich beim Militär war, wir in einer Formation stehen mussten und keiner sich bewegen oder sprechen durfte, sogar in dieser Atmosphäre gab es jene, die nicht zuhören und gehorsam sein konnten oder das zu tun vermochten, was ihnen aufgetragen war. Und das verhielt sich auch sogar noch so nach ernsthafter Unterweisung und intensivem Training.

Die Strategie für Josuas Sieg am siebten Tag bestand in Gehorsam und Ruhe! 40 Jahre lang hatte das Volk in der Wüste gemurrt, sich beklagt und schlecht geredet. 40 Jahre lang hatten sie mit ihren Mündern den Samen der Uneinigkeit und Niederlage gesät. Deshalb sagte der Herr: „Ich gebe euch eine neue Strategie für diesen neuen Tag. In der Vergangenheit konntet ihr die Autorität eurer eigenen Zunge nicht begreifen, deshalb haltet ihr euren Mund an diesem Tag geschlossen! Ihr werdet nur auf meinen Befehl hin reden und nur das sagen, was ich euch auftrage zu sagen!“

Erst bei einer Gelegenheit habe ich jemals ein *heiliges Schweigen* auf eine Versammlung herabsteigen gesehen, und es dauerte eine Stunde und zehn Minuten! Ich glaube bis heute, dass dies eines der größten von mir bezeugten Wunder war. Es war ein Handeln Gottes. Dennoch wird uns das Vorrecht zuteil, zu lernen, still vor Ihm zu bleiben! Wie werden wir jemals lernen, was es bedeutet:

**Seid stille und erkennet, dass ich Gott bin.** Psalm 46:10 (LU)

Wir haben die Kunst des hörenden Gebets verloren. Es gab eine Zeit, als viele Versammlungen zusammenkamen und in Stille auf den Herrn warteten. Dies wurde in den späten 1980ern und frühen 1990ern Jahren praktiziert. Gläubige kamen, warteten auf Gott und hörten zu. Sie taten nichts, bis der Herr sprach, und als Er redete, waren sie dem Mitgeteilten gegenüber in dem Moment gehorsam. Wir müssen dahin zurückkommen, wo wir am Ort der Stille und des Wartens nicht nervös werden.

Wir müssen an diesem siebten Tag eine Atmosphäre der Ruhe herstellen, wo *sein* wichtiger ist als *tun.* Von diesem Ort der Ruhe aus werden wir voran gehen, geleitet durch den Geist Gottes, ausgerüstet mit neuen Strategien, und Seine königlichen Pläne auf der Erde freisetzen.

Ich möchte Dir etwas über Jericho mitteilen. Eine der Bedeutungen des Wortes *Jericho* ist „Belohnung erstatten". Wie können wir diese Belohnung erhalten? Durch Gehorsam – indem wir tun, was der Herr sagt. Indem wir uns für diesen Tag vorbereiten, rüsten wir uns für die Schlacht aus. Das bedeutet, sich in das Wort Gottes und in den Gott des Wortes zu vertiefen und dann zu sprechen, wenn tatsächlich durch uns gesprochen wird. Indem wir dies tun, werden wir große Belohnung erhalten.

Am siebten Tag wird geistliche Kampfführung grundlegend anders sein, als alles, was wir zuvor erfahren haben. Dies ist die Stunde, in der unser Gott für uns kämpft! Alles, was wir tun müssen, ist gehorsam zu sein und nur das zu reden, was Er uns sagt. Erinnere Dich, es war wegen des Ungehorsams, dass die Israeliten 40 Jahre in der Wüste zubringen mussten, mit Murren, Zankerei, Beklagen und Lästerung. 40 Jahre umsonst – nur Negatives und Tod kamen beständig aus ihrem Mund, und sie ernteten, was sie gesät hatten. Wir erkennen eine neue Strategie für diesen neuen Tag. Der Herr sagt, wir sollen unseren Mund verschlossen halten, bis Er uns zum Sprechen freisetzt! Das ist Liebe, kein Gericht. Es war die Liebe des Vaters, die ihnen auftrug, still um Jericho herum zu marschieren, denn Er wusste, was im Menschen war.

## Eine Lektion des Schweigens

Erinnere Dich, dass am siebten Tag kein falsches Feuer an Deiner Wohnstätte angezündet werden darf. Was ist das falsche Feuer? Es ist die Zunge der Ungerechtigkeit. Schau, welch großes Feuer eine kleine Glut entzünden kann. Die Zunge ist ein großes Feuer. Wir müssen lernen, unseren Mund verschlossen zu halten und nur zu sprechen, wenn tatsächlich durch uns gesprochen werden soll.

Der Herr möchte uns an diesem siebten Tag etwas Neues lehren; eine neue Art und Weise der geistlichen Kriegsführung – zusätzlich zur Verschließung unseres Mundes. Er möchte uns durch den Geist führen. Sprich nur, wenn durch Dich gesprochen wird. Tu nur das, was Er Dir aufträgt zu tun!

Wir müssen an den Ort zurückgehen, wo wir den Herrn inniglich kennen, damit wir Seine Stimme verstehen. Wenn wir Seine Stimme nicht kennen, wird es schwierig zu tun, was Er sagt. Jesus sprach:

**Ich tue nur das, was ich meinen Vater tun sehe.** siehe Johannes 5:19

Können wir nicht sehen, was der Vater tut, und nicht hören, was Er sagt, werden wir niemals in unsere Bestimmung eintreten. Dank sei Gott, dass Er Hindernisse zu unserer Bestimmung entfernt.

Unseren Jordan, diese Barriere, die uns vom verheißenen Land ferngehalten hat, wird der Herr übernatürlich für jene beseitigen, die sich dem Prozess der Heiligung aussetzen und Ihm ihre Glieder (ihren Körper – einschließlich der Zunge) an diesem siebten Tag übergeben.

Wir sind eine abschließende Generation: abschließend in dem Sinne, dass wir von einer Herrlichkeit zur nächsten gehen, von einem Maß des Daseins zu einem größeren Maß des Daseins. Wir werden vollkommen sein! Wir werden die Gemeinde sein, die ohne Flecken und Runzeln ist, bevor Jesus zurückkehrt (siehe Epheser 5:26-28)!

In meinem Herzen bin ich davon so überzeugt, dass mir die Worte fehlen, um dieses richtig ausdrücken zu können. Viele Menschen in der ganzen Welt haben uns mitgeteilt, der Herr habe zu ihnen gesagt, sie würden die Rückkehr Jesu während ihres Lebens sehen. Überall habe ich dieses gehört, und ich persönlich wusste dies in meinem Herzen, seit ich vier Jahre alt war.

So seltsam das klingen mag, ich erinnere mich daran, dass wir in einem Apartment wohnten und mein Bruder, meine Schwester und ich im Wohnzimmer spielten. Plötzlich, als mir augenblicklich eine Einsicht von prophetischer Wichtigkeit gegeben wurde, hörte ich mit dem Spiel auf. Ohne weder zu wissen noch zu verstehen, von wem ich redete, sagte ich: „Es ist gut hier zu sein, wenn Jesus zurückkommt!" Sie schauten mich an und fragten: „Wer ist das?" Ich sagte: „Das weiß ich nicht!" Aber ich wusste ganz sicher, es war Wirklichkeit. (Als Kind hatte ich viele prophetische Erlebnisse, die ich wahrnahm und erkannte.)

Ich *weiß*, dass ich weiß, dass ich die Rückkehr des Königs sehen werde. Ich höre es überall auf der Welt, besonders von kleinen Kindern.[10] Ich traf eine Achtjährige in Singapur, die ein

10 Gehe zu www.sidroth.org, dann zu seiner „It's Supernatural"-Show und schau nach im Archiv. Dort findest Du viele Interviews mit Menschen, die gestorben sind, in den Himmel gingen, zurückkamen und berichteten: „Dies ist die Generation!" Dies umfasst Menschen im Alter von 12 bis über 60 Jahre.

übernatürliches Erlebnis hatte. Sie wurde im Geist in den dritten Himmel versetzt und hatte eine herrliche Begegnung mit dem Herrn. Sie berichtete: „Er kommt, macht euch bereit, es geschieht schneller, als ihr euch vorstellen könnt!“

Der siebte Tag ist das Morgenrot der Freisetzung von neuen himmlischen Strategien, um das verheißene Land einzunehmen, von dem der Herr sagt, es gehört uns. An diesem Tag werden wir die Erfüllungen der Verheißungen für unsere Leben erleben, wenn wir uns in allen Taten vollkommen auf Ihn verlassen. Es ist kein Tag des „niemals mehr nur so tun, als ob“, sondern ein Tag, all das zu werden, von dem Er wiederholt in Seinem Wort sagt, wir seien es. An diesem Tag werden wir erkennen, wie man in Seine Ruhe eintritt. Auch ist es ein Tag des Sieges eines unglaublichen Zieles - inmitten von Unmöglichkeiten und Befürchtungen: die Gleichheit mit Christus.

# 7

# Prophetische Fürbitte

**Und es geschah am siebten Tag, da machten sie sich früh auf, beim Aufgang der Morgenröte ...** Josua 6:15

Früh am Morgen des siebten Tages erhob sich das Lager Israels, um in seine Bestimmung einzutreten. Prophetisch gesehen befinden wir uns früh am Morgen des siebten Tages. Der Herr erlässt für Dich und mich neue Strategien vom Himmel, um in die Verheißungen Gottes für unsere Leben einzuziehen und alles zu überwinden, was uns im Weg steht. Wir wurden in eine übernatürliche Zeit mit ungewöhnlichen Wundern gerufen. Die Erfüllung dieser Bestimmung werden wir weder mittels eines Programms erleben, das gemäß des Verständnisses der vorangegangenen Bewegungen Gottes angelegt ist, noch durch den Erlass einer Doktrin oder eines Beschlusses. In dieser Zeit werden wir keine Vermischung von Fleisch und Geist erleben, was die Mitwirkung von Menschen bedeuten würde. Es wird uns gestattet, Zeugen einer Bewegung Gottes zu werden, die umfassender und weit mehr verbreitet sein wird, als es die Welt jemals erfahren hat.

## In allem gehorsam

Wir werden nur in dem Ausmaß daran teilhaben, wie wir lernen, dem Herrn in allem gehorsam zu sein. So wie wir uns Seinem Geist hingeben und diesen Weg des Gehorsams gehen, werden wir die Mauern unseres Jerichos zerstört sehen und jedes

Hindernis überwinden, das unseren Fortschritt aufhält. Was auch immer Dich von Deiner Bestimmung fernhält – früh am Morgen des siebten Tages wird Gott eine Strategie für dich freisetzen, und Du wirst durch Gehorsam die Gelegenheit bekommen, in diese Vorsehung einzutreten. Ich garantiere Dir, die empfangene Strategie wird auf manche Art lächerlich erscheinen und gar nicht vernünftig klingen. Niemals habe ich erlebt, dass der Herr mich angewiesen hat, etwas für Ihn zu tun, was keinen Glauben benötigte. Alles, was ich für Gott tun sollte, war meistens jenseits meiner eigenen Fähigkeit. Das brachte mich dazu, Ihm zu folgen und meinen Glauben auszuüben, um die Erfüllung meiner Aufgabe zu erleben. Noch einmal: Er wird uns niemals beauftragen, etwas zu tun, was uns nicht streckt und weiter als unser begrenztes Verständnis geht. Er bittet uns immer, etwas zu tun, was Glauben an Ihn benötigt, denn alles, was nicht aus Glauben kommt, ist Sünde.

## Durchbruch in die Bestimmung

Das operative Wort für Deine Bestimmung ist heute *Durchbruch*. Dies ist ein Tag, an dem jedes Hindernis am Leib Christi entfernt wird. Die Gemeinde ist „Kopf und nicht Schwanz"; sie ist „oben und nicht unten". Die Pläne und Absichten Gottes werden in unserer Generation ihren Höhepunkt erreichen, sobald wir die Braut hervorkommen sehen, die ohne Flecken und Runzeln ist. – Josua 6:15 sagt:

**Und es geschah am siebten Tag, da machten sie sich früh auf, beim Aufgang der Morgenröte, und zogen in derselben Weise siebenmal um die Stadt.**

Nach dem Befehl des Herrn marschierten sie nur an diesem Tag siebenmal um die Stadt. Bei der siebten Umrundung gaben sie einen gewaltigen prophetischen Siegesschrei von sich. Der

Feind geriet dadurch in Schrecken, und die Kraft des Himmels wurde freigesetzt, welche jene Mauern in den Boden stieß. Ich glaube, dieser prophetische Schrei veranlasste die Heerscharen des Himmels die Barriere (die Mauern von Jericho) für den völligen Sieg zu beseitigen. Die Strategie, die der Herr für dich und mich freisetzt, wenn wir im Gehorsam handeln, wird die Heerscharen des Himmels in unserem Interesse aktivieren, und wir werden absoluten Sieg angesichts dessen erleben, was wie die Unabwendbarkeit einer hoffnungslosen Niederlage aussah.

**Und sie vollstreckten den Bann an allem, was in der Stadt war, an Mann und Frau, an Alt und Jung, an Rind, Schaf und Esel, mit der Schärfe des Schwertes.** Josua 6:21

Sie zerstörten alles mit der Schärfe des Schwertes, was in dieser Stadt als unrein erachtet wurde. Es gab keinen Kompromiss mit den unfruchtbaren Werken der Finsternis, denn ein bisschen Sauerteig hätte das ganze Heerlager Israels verunreinigt. Sind wir dem Herrn in unseren Leben gehorsam, werden wir die Strategien des Feindes mit der Schärfe des Schwertes vernichtet sehen – mit dem Wort Gottes, das aus unserem Mund hervorkommt. Unser Gehorsam gegenüber dem Befehl des Herrn veranlasst uns zu sprechen. Alles andere wird ein Werk des Fleisches sein und unsere Bestimmung weiterhin verhindern.

**Die Stadt aber und alles, was darin war, verbrannten sie mit Feuer. Das Silber jedoch und das Gold und die bronzenen und eisernen Geräte legten sie in den Schatz des Hauses des HERRN.** Josua 6:24

Beachte die Aussage, dass das Silber und das Gold, sowie die Gefäße aus Bronze und Eisen als Beute genommen und zum Schatz des Hauses des Herrn gelegt wurden. Dies ist ein Beispiel dafür, wie das Wirtschaftssystem des Himmels in der Endzeit laufen wird. Wir müssen verstehen, wir wurden zu Verwaltern dessen berufen, was auch immer uns der Herr in die Hand gegeben hat. Es gehört alles Ihm! In dieser Stunde wird es keine eigene Bereicherung oder eigene Königreiche geben. Wir werden daran mitwirken, das Königreich Gottes auf der Erde einzusetzen. Der Herr wird unseren Nöten gemäß Seines herrlichen Reichtums begegnen, nicht entsprechend der manipulierenden und zwingenden Taktiken professioneller Hausierer, die versuchen, ihr eigenes Königreich zu bauen.

Wir müssen zur Offenbarung dieser Stunde kommen! Die Gunst Gottes, der Segen Gottes, das Wort Gottes, die Armeen Gottes und diese Fülle der Zeit sind alle auf unserer Seite! Wir können nicht verlieren, außer wir wollen es! In der Vergangenheit hatten wir eine *Wir-können-nicht-gewinnen*-Mentalität, weil die Hindernisse auf unserem Weg unüberwindbar schienen. Aber ich möchte, dass Du weißt: Je größer das Hindernis, desto stärker sein Fall! Dies ist der siebte Tag - ein Tag des Durchbruchs und der Freisetzung!

Ich liebe die Geschichte von David und Goliath. In der israelitischen Armee sagten alle: „Dieser Riese ist so groß. Wie könnten wir gewinnen?" Aber David sagte: „Er ist so groß, wie kann ich ihn verfehlen?" Wir müssen unserer Herausforderung in dieser Stunde mit dem gleichen Geist der Macht ins Auge sehen, den David zeigte. Das Ziel ist so groß, wie können wir es verfehlen? Wenn Gott für uns ist, wer kann gegen uns sein?

## Simson wird überwältigt

Jetzt wollen wir ein anderes Beispiel für die Verheißung des siebten Tages ansehen:

**Und es geschah, als sie ihn sahen, da nahmen sie dreißig Brautbegleiter; die waren bei ihm. Da sagte Simson zu ihnen: Ich will euch einmal ein Rätsel aufgeben. Wenn ihr es mir in den sieben Tagen des Festmahls richtig löst und es herausfindet, dann werde**

**ich euch dreißig Hemden und dreißig Festkleider geben. Wenn ihr es mir aber nicht lösen könnt, dann müsst ihr mir dreißig Hemden und dreißig Festkleider geben. Da sagten sie zu ihm: Gib dein Rätsel auf, wir wollen hören! Und er sagte zu ihnen: Aus dem Fresser kam Fraß, und aus dem Starken kam Süßes. Sie aber konnten das Rätsel nicht lösen drei Tage lang. Und es geschah am vierten Tag, da sagten sie zu Simsons Frau: Betöre deinen Mann, dass er uns das Rätsel löst, sonst verbrennen wir dich und das Haus deines Vaters mit Feuer! Habt ihr uns eingeladen, um uns aus unserm Besitz zu vertreiben? Ist es nicht so? Da weinte Simsons Frau bei ihm und sagte: Du hasst mich nur und liebst mich nicht. Den Söhnen meines Volkes hast du das Rätsel aufgegeben, aber mir hast du es nicht erzählt. Er aber sagte zu ihr: Siehe, meinem Vater und meiner Mutter habe ich es nicht erzählt, da sollte ich es dir erzählen? Doch sie weinte bei ihm die sieben Tage, an denen sie das Festmahl hielten. Und es geschah am siebten Tag, da erzählte er ihr die Lösung des Rätsels, weil sie ihn drängte, und sie erzählte das Rätsel den Söhnen ihres Volkes.** Richter 14:11-17

Dies ist die Geschichte Simsons, eines Mannes mit Bestimmung, der seit seiner Mutter Leib für die Absichten Gottes berufen und geheiligt war. In einer Haltung der Kompromissbereitschaft und entgegen dem Gesetz Gottes, sich keine Frau aus einer fremden Kultur zu nehmen, verlobte sich Simson dennoch mit einer Frau von den Philistern. Es scheint, dass Simson auch ständig seine Gelübde als Nasiräer ignorierte. Diese Gelübde beinhalteten dreierlei: 1. Enthaltsamkeit von Wein und starken Getränken, 2. Keine Kopfhaare schneiden während der gesamten Laufzeit des Gelübdes, 3. Vermeidung des Kontakts mit toten Dingen.

Simson wollte die Feinde Israels noch mehr verspotten und lächerlich machen, deshalb stellte er ihnen ein Rätsel, von dem er wusste, seine Philister-Feinde würden dies niemals beantworten können. Er gab ihnen sogar Zeit, das Rätsel während der sieben Tage des Hochzeitsfestes zu lösen. Die Philister waren so sehr darauf bedacht, diesen kleinen Wettbewerb mit Simson zu gewinnen, dass sie seine Verlobte unter Androhung ihres und des Todes ihrer Familie verpflichteten, die Antwort aus ihm herauszulocken (siehe Richter 14:15).

> **Da weinte Simsons Frau bei ihm und sagte: Du hasst mich nur und liebst mich nicht. Den Söhnen meines Volkes hast du das Rätsel aufgegeben, aber mir hast du es nicht erzählt.** Richter 14:16

Ein betrügerischer Geist wurde gegen den Gesalbten des Herrn freigesetzt, der weithin als Fallstrick des „Geistes Isebels" identifiziert wurde. Dieser Geist kommt gegen die Leben von gesalbten Männern und Frauen Gottes und versucht, sie von ihrem Gott gegebenen Ruf und ihrer Vorsehung fortzulocken. Der Geist der Isebel ist nicht geschlechtsspezifisch, sondern geschlechtsneutral. Jeder kann unter dessen Einfluss sein und in der Macht des Geistes der Isebel handeln. Als ein Nasiräer durfte Simson niemals Wein an seine Lippen kommen lassen und niemals seine Haare schneiden. Er sollte ein geheiligtes Leben führen, abgesondert für Gott. Doch Simson folgte in seinem Leben keiner klaren Linie. Er war verleitet von den Dingen dieser Welt, der Lust des Fleisches, der Lust der Augen und dem Stolz des Lebens. Deshalb öffnete er die Tür, um durch den Feind umgarnt zu werden, und dieser Geist der Isebel begann, ihn zu manipulieren und brachte ihn dazu, Kompromisse in einem noch größeren Ausmaß einzugehen.

> **Er aber sagte zu ihr: Siehe, meinem Vater und meiner Mutter habe ich es nicht erzählt, da sollte ich es dir erzählen? Doch sie weinte bei ihm die sieben Tage, an denen sie das Festmahl hielten. Und es geschah am siebten Tag, da erzählte er ihr die Lösung des Rätsels, weil sie ihn drängte, und sie erzählte das Rätsel den Söhnen ihres Volkes. Da sagten die Männer der Stadt zu ihm am siebten Tag, bevor die Sonne unterging: Was ist süßer als Honig, und was ist stärker als der Löwe? Er sagte zu ihnen: Wenn ihr nicht mit meinem Kalb gepflügt hättet, dann hättet ihr mein Rätsel nicht herausgefunden. Und der Geist des**

**HERRN kam über ihn. Und er ging hinab nach Aschkelon und erschlug dreißig Mann von ihnen und zog ihnen die Ausrüstung aus und gab die Festkleider denen, die das Rätsel gelöst hatten. Und sein Zorn entbrannte, so dass er ins Haus seines Vaters hinaufging. Simsons Frau aber wurde einem seiner Brautbegleiter gegeben, der ihm als Brautführer gedient hatte.** Richter 14:16-20

## Christus statt Kompromisse

Die Parallelen und die prophetische Bedeutung für diesen siebten Tag sind deutlich. 6.000 Jahre oder sechs Tage lang haben wir Kompromisse in unserer Mitte erlaubt. Wir haben eine Mischung aus Geist und Fleisch oder Gott und der Welt akzeptiert, und wir haben es als von „Gott gewollt" gutgeheißen. Diese Vermischung in unseren Leben, dieser Mangel an Absonderung und Heiligung hat uns bis zu dem Punkt beeinflusst, im Dienst fast ineffektiv zu werden und auch darin, der verlorenen und sterbenden Welt einen wahren Christus-ähnlichen Charakter vorzuleben. Wir werden niemals die Bestimmung Gottes für unsere Leben erfüllen, wenn wir diese Mischung in unseren Leben weiterhin zulassen. Wo Mischung erlaubt wird, ist Sauerteig vorhanden, und dieser wird stets den ganzen Leib verunreinigen, sei es zum Guten oder Bösen. An diesem siebten Tag müssen wir eine Entscheidung treffen. Die Anschläge dieses Geistes der Isebel werden heftiger und beharrlicher, wenn das Ende der Zeit näher kommt. Mit voller Überzeugungskraft wird diese Generation versucht werden, sich dem äußersten Kompromiss hinzugeben – Verrat am Herrn.

Jedoch gibt es am siebten Tag eine Salbung, welche für die Menschen Gottes verfügbar ist, die für Gerechtigkeit einstehen, heilig und abgesondert für Gott sind und in Reinheit und der Furcht des Herrn wandeln wollen. Diese Generation der hingegebenen Überwinder wird aufstehen, die Werke des Fleisches zerstören und die Vermischung aus ihrer Mitte entfernen. Sie wird sagen: „Nein! Wir wollen für Gott abgesondert und heilig sein! Das, worin die vergangenen Generationen verwickelt waren, mit dem wir fast verheiratet worden wären, diese Vermischung mit der Welt und ihrem Geist wird sich niemals wieder bei uns niederlassen können!“

Der Herr wird in dieser Generation einen Aspekt der sieben Geister Gottes ganz neu und einzigartig freisetzen. Es ist der Geist der Macht, der Geist, der auf Simson lag und der Kompromisse nicht länger toleriert. Den Werken des Fleisches, der Lust der Augen und dem Hochmut des Lebens wird nicht länger Raum gegeben. Dies wird durchgesetzt in einer radikalen, starken, das Königreich Gottes mit Gewalt an sich reißenden Art des Geistes, der sagen wird: *„Keine Vermischung mehr!* Wir werden uns absondern! Wir werden der Welt nicht länger Zugang zu unserem Leben und zu unserer Familie erlauben.“ Dieser Wandel ist nichts für schwache Herzen. Es wird ein sehr herausfordernder Wechsel sein, denn so viel Fleischlichkeit und Kompromisse waren in der Gemeinde geläufig, dass dieses zur Norm geworden ist. Und weil es zur Gewohnheit wurde, wird alles, was nicht in ähnlicher Weise geformt ist, entweder als reaktionär oder revolutionär betrachtet. Erwählen und erlauben wir diesen Heiligungsprozess, werden wir zu einer vollkommen anderen Gruppe von Gläubigen, nicht mehr wieder erkennbar als diese fleischliche und laue Generation von Christen, die man seit jeher kannte und an die man gewöhnt war. Wir werden das Königreich des Himmels mit *Macht* auf die Erde bringen.

## Vorbereitung Seiner Braut

Der Herr wird an diesem siebten Tag eine Braut empfangen, die vorbereitet ist. In der Bibelschule und in den meisten Gemeinden, denen ich angehörte, wurde mir beigebracht, dass die Gemeinde die Braut sei. Ein guter Freund, der jetzt beim Herrn ist, sagte:

„Nein, die Stadt ist die Braut.“ – Das stimmt teilweise. Du wirst Zion genannt, die Stadt Gottes.

Der Heilige Geist forderte eines Tages meine Theologie bezüglich der Braut Christi heraus und fragte mich: „Wer ist die Braut? Ist die Gemeinde die Braut?“ Ich antwortete: „Ja, Herr, genau das habe ich auf der Bibelschule gelernt.“ Dann sagte Er: „Nein, das ist nicht richtig.“ Deshalb entgegnete ich: „Was meinst du, Herr?“ Er sagte: „Gehe zu 1. Mose 1, und ich werde dich etwas lehren.“

Als Gott Adam schuf, sagte Er, es sei nicht gut für einen Menschen, allein zu sein, und der Herr ließ Adam in einen tiefen Schlaf fallen. Während dieses Zustandes schuf Gott aus der Seitenrippe Adams dessen Gefährtin Eva. Es heißt in 1. Mose 1 nicht, dass Adam etwa geklont wurde und Eva so „entstand“. Die Schrift zeigt uns, Eva kam *aus der Seite* des ersten Adams hervor (siehe 1. Mose 2:18-23).

Jetzt erinnere Dich an das Gesetz der ersten Erwähnung. Sprechen wir über *die Braut Christi* können wir die Bibel basierend auf der „ersten Erwähnung“ auslegen. Jesus Christus ist der zweite Adam, die Verkörperung und Erfüllung jedes Typus des Alten Testamentes. So wie Eva aus der Seite Adams hervorkam, kommt *aus dem Leib Christi* dessen Braut hervor. Jesus wird nicht geklont werden.

In 1. Mose 24 schickte Abraham, der ein Bild für Gott den Vater ist, seinen Diener zu seiner Familie zurück, um eine Braut für seinen Sohn Isaak zu finden, der ein Typus für Christus ist. Wir erkennen ein Bild der Vorbereitung eines Hochzeitsfestes in der Endzeit. Eine Braut kommt hervor. Hier haben wir ein Bild von Gott dem Vater, Abraham, der seinen Helfer Elieser, ein Typus für den Heiligen Geist, in die Welt schickt, um eine Braut für seinen Sohn Isaak zu finden. Deshalb geht der Diener zu Abrahams Familie zurück und erhält von dort eine Braut für Isaak, die er zu ihrem Bräutigam bringt. Beachte, nicht die ganze Familie wurde zur Braut.

Bis heute haben uns die Vermischungen, die wir in unserem Leben erlaubten, fast disqualifiziert. Die Schrift sagt dennoch, der Herr wird zu einer Gemeinde ohne Flecken und Runzeln zurückkehren. Somit hat er uns eine Gelegenheit gegeben, Seine Braut zu werden (siehe Epheser 5:27).

Schau Dir Offenbarung 19:7-8 an:

**Lasst uns fröhlich sein und jubeln und ihm die Ehre geben; denn die Hochzeit des Lammes ist gekommen, und seine Frau hat sich bereitgemacht. Und ihr wurde gegeben, dass sie sich kleide in feine Leinwand, glänzend, rein; denn die feine Leinwand sind die gerechten Taten der Heiligen.**

## Eine heilige Einladung

Ihr wurde es gewährt – eine Einladung wurde ausgesprochen. Errettung ist für jeden von uns eine freie Gabe. Die Erfüllung mit dem Heiligen Geist ist ein Geschenk. Die Gaben des Geistes, in 1. Korinther 12-14, sind frei zugänglich. Aber die Braut Christi zu werden, geschieht durch eine Einladung. Es wird Dir *gegeben*, diese Braut zu „werden“, dennoch ist daran eine Bedingung geknüpft. Offenbarung 19:8 besagt:

**Ihr wurde gegeben, dass sie sich kleide in feine Leinwand.**

Der Geschichte und damaligen Kultur gemäß, spricht *feine Leinwand* davon, dass der Gerechte vor den Augen des Glaubens „eine Herrlichkeit als eines Eingeborenen vom Vater, voller Gnade und Wahrheit“ (Johannes 1:14) darstellt.

Feine Leinwand ist ebenfalls ein Symbol für Reinheit. Wegen ihres geringen Gewichtes schwitzte der Träger bei seinen täglichen Anstrengungen nicht so sehr. Bei dem Priester symbolisierte dies die Tatsache, dass nicht der Schweiß der menschlichen Arbeit die Versöhnung bringt, sondern das Opfer eines reinen Herzens – dargebracht von jemandem, der in seinem Gott ruhte.

Die Bedeutung für den siebten Tag und die Endzeit-Generation ist einfach Folgendes: Nichts, was wir in eigener Stärke tun können, wird uns dafür qualifizieren, Teil der Gruppe von Gläubigen zu sein, welche die Braut ausmacht, sondern allein dies: *„Und ihr wurde gegeben, dass sie sich kleide in feine Leinwand, glänzend, rein; denn die feine Leinwand sind die gerechten Taten der Heiligen."* (Offenbarung 19:8)

Sprich nur, wenn durch Dich gesprochen wird, und tu nur das, was Er Dir aufträgt zu tun! Bereite Dich vor; sei gerüstet und bereit für den Kampf. Wie? Indem Du Dich in Gottes Wort und den Gott des Wortes vertiefst, zur Zeit und Unzeit bereit bist, und genau das tust, was Er sagt, ohne Zweifel, Zögern, Fragen; durch verbleiben in der **Ruhe** – ein Ablassen von Deinen eigenen Werken und ein vollkommenes Vertrauen auf den Heiligen Geist.

## Sünde im Lager

Ohne *Beziehung mit Ihm* werden wir niemals dort hinkommen! Ich kenne so viele skurrile Geschichten, die aber gleichzeitig tiefgehende Gehorsamshandlungen zeigen. Uns wurde die Geschichte eines guten Freundes erzählt, der eines Tages in einer Gemeinde diente, und der Herr sagte: „Sprich und sage – es ist Sünde im Lager." Er antwortete: „Herr, das kann ich nicht tun. Ich würde niemals mehr gebeten werden, wiederzukommen."

Noch einmal sagte der Herr: „Rede und sage, es gibt Sünde im Lager, und darum geht es: Die Frau des Pastors und der Co-Pastor haben eine Affäre." Mein Freund sagte: „Herr, das kann ich nicht sagen. Ich würde niemals mehr eingeladen werden ..."

Schlussendlich sagte er: „Ja, Herr." Als er es aussprach, hätte man eine Nadel fallen hören. Er war überzeugt, den Herrn missverstanden zu haben, und dass sein Dienst beendet war, doch plötzlich weinte die Frau des Pastors. Zerbrochenheit und Buße kamen hervor, die eine Bewegung Gottes auslösten. – In dieser Stunde müssen wir Gott wahrhaftig innig und persönlich kennen.

Ein anderer Prediger war zu einem großen Bankett in Deutschland eingeladen. Nach dem Essen sollte er predigen. Ein Mann saß mit seiner Frau an einem Tisch in der Ecke und sah sehr unbehagt und desinteressiert aus.

Der Herr sprach: „Ich möchte, dass du etwas tust. Geh hinüber, knabbere am Ohr dieses Mannes und sage ihm, dass ich ihn liebe." Der Bruder diskutierte ein bisschen mit Gott (okay, ein bisschen länger), aber schließlich sagte er: „In Ordnung, Herr." Er ging hin und sagte: „Entschuldigung, ich habe ein Wort vom Herrn für Sie." Der Mann antwortete: „Was ist es?" So lehnte sich der Bruder zu ihm, knabberte an seinem Ohr und sagte: „Jesus liebt dich."

Augenblicklich brach der Mann zusammen und begann zu weinen. – Die dazugehörige Geschichte war: Seit einigen Jahren hatte ihm seine Frau in der Hoffnung auf seine Errettung das Evangelium von Jesus mitgeteilt. Immer wieder hatte sie ihn aufgefordert und auch inständig gebeten: „Komm mit in die Gemeinde; komm mit in die Gemeinde."

Schließlich hatte er geantwortet: „Ich begleite dich zu diesem Bankett, wenn du aufhörst, mich zu belästigen." Seit einigen Jahren waren sie verheiratet und jede Nacht vor dem Einschlafen hatte seine Frau an seinem Ohr geknabbert und gesagt: „Liebling, ich liebe dich."

Mit dem Gedanken, er könne den Herrn überlisten, hatte er vor dem Bankett gesagt: „Wenn es Gott wirklich gibt, soll Er an meinem Ohr knabbern und mir sagen, dass Er mich liebt."

An diesem Abend wurde eine Seele durch radikalen Gehorsam ins Königreich gebracht. – Glaub mir, in beiden Fällen wirkte der Glaube nicht etwa deshalb, weil keine Zweifel vorhanden waren. Doch weil Gehorsam siegte, siegte auch der Glaube!

## Ohne Ansehen

Sehr oft gilt unsere Sorge unserem Ansehen. Ich kann Dir gar nicht die vielen Male beschreiben, wo ich darum besorgt war, meinen guten Namen zu bewahren. Obwohl diesem einige Bedeutung beim Wandel im Christus ähnlichem Charakter zukommt, hat das nichts mit Gehorsam zu tun.

Lebe ich im Gehorsam gegenüber dem Herrn, bin ich mir selbst gestorben und mein Leben ist in Christus verborgen. Ich muss mich nicht darum sorgen, in den Augen der Menschen töricht auszusehen. Nicht länger lebe ich, sondern Christus lebt in mir, und das Leben, was ich jetzt lebe, lebe ich im Glauben des Sohnes Gottes (siehe Galater 2:20)!

Wir können uns nicht am Standard dieser Welt messen. Auch dürfen wir keine Vermischung in unseren Herzen oder Leben zulassen. Wir können nicht mit der Welt und mit Gott verheiratet sein. Sind wir die Braut Christi, müssen wir ein Gewand weben, was den gerechten Taten der Heiligen entspricht.

**Glaube ohne Werke ist nutzlos.** nach Jakobus 2:20

In meiner ländlichen Wohngegend gibt es eine Vielzahl von Wildtieren. Rehe, Hirsche, Bären und so weiter durchstreifen hier die Wälder. Wegen der Fülle des Wildes ist es leider üblich, dass Rehwild bei Autounfällen tot liegen gelassen wird und am Straßenrand verwest. Bei Sommerhitze ist der Geruch von Tod und Verwesung überwältigend. Es stinkt! Ich glaube von ganzem

Herzen, dass es im Raum des Geistes einen Geruch, einen Klang, eine Beschaffenheit, einen Rhythmus, eine Farbe und einen Geschmack gibt, die man wahrnehmen kann, wenn wir lernen, durch den Geist Gottes geführt zu sein und unsere geistlichen Sinne auszuüben.

**Glaube ohne Werke ist tot.** nach Jakobus 2:26

So wie ich oben erklärte, stinkt Totes. Folgende Frage wird üblicherweise von Neubekehrten gestellt: „Kann der Teufel unsere Gedanken lesen?" (Ich dachte: „Wenn er dies bei mir könnte, wäre es sicher eine Kurzgeschichte.") Wandelst Du im Unglauben und Ungehorsam, schwelgst ständig in fleischlichen Dingen und befindest Du Dich außerhalb der Ruhe, wird ein Geruch im geistlichen Raum freigesetzt. Bist Du im Glauben, ist es ein süßlicher Duft für den Herrn. Sind wir aber für die Sünde offen, ist der Geruch übel stinkend und zieht Dämonen meilenweit an. Sie werden angezogen wie von einem Magneten und wie Fliegen von einem Kadaver.

## Die gerechte Braut

Die Braut Christi webt nicht nur ein Hochzeitskleid, bestehend aus den gerechten Taten der Heiligen, sondern setzt durch die gleichen Gehorsamshandlungen auch einen angenehmen Duft frei. Dieses ist uns zugesprochen worden.

In 2. Samuel 11:1-27 finden wir die Geschichte von David und Batseba. Statt mit seiner Armee in den Kampf gegen die Ammoniter zu ziehen, blieb David während des Krieges in Jerusalem. Eines Abends spazierte er auf dem Dach seines Palastes herum und erblickte von dort, wie sich eine Frau wusch. Er ließ seine Augen dahin wandern, wo sie nicht hätten hinschauen sollen, was in seinem Herzen Sünde hervorbrachte – die ihn wiederum dazu trieb, etwas zu tun, was er nicht hätte tun sollen. Er hätte fort sein und im Krieg die Kämpfe Gottes ausfechten sollen. Stattdessen blieb er zu Hause, und weil er nicht im Willen Gottes war oder an dem Ort, wo Gott ihn zu der Zeit hätte haben wollen, wanderten seine Augen umher, und er wurde von seiner eigenen Lust gefangen genommen. Faulheit öffnet die Tür für die Frucht des Ungehorsams und bringt eine weitere Frucht hervor - Lust.

## Davids Bestrafung

In 2. Samuel 12:1-25 lesen wir von der Antwort Gottes auf Davids Sünde:

> Und der HERR sandte Nathan zu David. Und er kam zu ihm und sagte zu ihm: Zwei Männer waren in einer Stadt, der eine reich und der andere arm. Der Reiche hatte Schafe und Rinder in großer Menge. Der Arme hatte aber nichts als nur ein einziges kleines Lamm, das er gekauft hatte. Und er ernährte es, und es wurde groß bei ihm, zugleich mit seinen Kindern. Von seinem Bissen aß es, aus seinem Becher trank es, und in seinem Schoß schlief es. Es war ihm wie eine Tochter. Da kam ein Besucher zu dem reichen Mann; dem aber tat es leid, ein Tier von seinen Schafen und von seinen Rindern zu nehmen, um es für den Wanderer zuzurichten, der zu ihm gekommen war. Da nahm er das Lamm des armen Mannes und richtete es für den Mann zu, der zu ihm gekommen war. Da entbrannte der Zorn Davids sehr gegen den Mann, und er sagte zu Nathan: So wahr der HERR lebt, der Mann, der das getan hat, ist ein Sohn des Todes. Das Lamm aber soll er vierfach erstatten, dafür, dass er diese Sache getan hat, und weil es ihm um den Armen nicht leid getan hat. Da sagte Nathan zu David: Du bist der Mann! So spricht der HERR, der Gott Israels: Ich habe dich zum König über Israel gesalbt, und ich habe dich aus der Hand Sauls gerettet, und ich habe dir das Haus deines Herrn gegeben und die Frauen deines Herrn in deinen Schoß und habe dir

das Haus Israel und Juda gegeben. Und wenn es zu wenig war, so hätte ich dir noch dies und das hinzugefügt. Warum hast du das Wort des HERRN verachtet, indem du tatest, was böse ist in seinen Augen? Uria, den Hetiter, hast du mit dem Schwert erschlagen, und seine Frau hast du dir zur Frau genommen. Ihn selbst hast du ja umgebracht durch das Schwert der Söhne Ammon. Nun denn, so soll das Schwert von deinem Haus auf ewig nicht weichen, dafür, dass du mich verachtet und die Frau Urias, des Hetiters, genommen hast, damit sie deine Frau sei. So spricht der HERR: Siehe, ich lasse aus deinem eigenen Haus Unglück über dich erstehen und nehme deine Frauen vor deinen Augen weg und gebe sie deinem Nächsten, dass er bei deinen Frauen liegt vor den Augen dieser Sonne! Denn du, du hast es im Verborgenen getan; ich aber, ich werde dies tun vor ganz Israel und vor der Sonne! Da sagte David zu Nathan: Ich habe gegen den HERRN gesündigt. Und Nathan sagte zu David: So hat auch der HERR deine Sünde hinweggetan, du wirst nicht sterben. Nur weil du den Feinden des HERRN durch diese Sache Anlass zur Lästerung gegeben hast, muss auch der Sohn, der dir geboren ist, sterben. Und Nathan ging in sein Haus zurück. Und der HERR schlug das Kind, das Urias Frau dem David geboren hatte, und es wurde schwer krank. Und David suchte Gott um des Jungen willen. Und David fastete lange. Und wenn er hineinkam, lag er die Nacht über auf der Erde. Und die Ältesten seines Hauses machten sich zu ihm auf, um ihn von der Erde aufzurichten. Aber er wollte nicht und aß kein Brot mit ihnen. Und es geschah am siebten Tag, da starb das Kind. Und die Knechte Davids fürchteten sich, ihm zu berichten, dass das Kind tot sei, denn sie sagten sich: Siehe, als das Kind noch am Leben war, haben wir zu ihm geredet, und er hat nicht auf unsere Stimme gehört: Wie könnten wir jetzt zu ihm sagen: Das Kind ist tot? Er würde Unheil anrichten. Und David sah, dass seine Knechte miteinander flüsterten. Da merkte David, dass das Kind tot war. Und David sagte zu seinen Knechten: Ist das Kind tot? Sie sagten: Es ist tot. Da stand David von der Erde auf und wusch sich und salbte sich und wechselte seine Kleider und ging ins Haus des HERRN und warf sich vor ihm nieder. Dann kam er in sein Haus zurück und verlangte zu essen, und man setzte ihm

**Brot vor, und er aß. Da sagten seine Knechte zu ihm: Was ist das für eine Sache, die du tust? Als das Kind lebte, hast du seinetwegen gefastet und geweint, sobald aber das Kind gestorben war, bist du aufgestanden und hast gegessen! Da sagte er: Als das Kind noch lebte, habe ich gefastet und geweint, weil ich mir sagte: Wer weiß, vielleicht wird der HERR mir gnädig sein, und das Kind bleibt am Leben. Jetzt aber, da es tot ist, wozu sollte ich denn fasten? Kann ich es etwa noch zurückbringen? Ich gehe einmal zu ihm, aber es wird nicht zu mir zurückkehren. Und David tröstete seine Frau Batseba. Und er ging zu ihr ein und lag bei ihr. Und sie gebar einen Sohn, und er gab ihm den Namen Salomo. Und der HERR liebte ihn. Und er sandte durch den Propheten Nathan hin; und der gab ihm den Namen Jedidja wegen des HERRN.**

Nathan wurde vom Herrn gesandt, um David zu konfrontieren. Das tat er, indem er ihm ein Gleichnis erzählte: „Es waren zwei Männer in einer Stadt, und das waren ein reicher Mann und ein armer Mann ..." (siehe 2. Samuel 12:1). Nathan legte die Sünde in Davids Herzen offen, aber durch Lust und Selbstgerechtigkeit verpasste David vollkommen die eigentliche Aussage des Gleichnisses. Die Geschichte geht weiter: „Da entbrannte der Zorn Davids sehr gegen den Mann, und er sagte zu Nathan: So wahr der HERR lebt, der Mann, der das getan hat, ist ein Sohn des Todes. Das Lamm aber soll er vierfach erstatten" (2. Samuel 12:5-6). Davids Zorn erhob sich gegen den im Gleichnis beschriebenen Mann. Nathan erzählte ihm über den, der diese Dinge getan hatte, und David hatte kein Mitleid für die Taten dieses Mannes.

## Der Dienst der Versöhnung

Als Christen können wir davon etwas lernen. Oftmals kommt das Gericht, dem wir in diesem Leben für unsere Taten gegenüberstehen, durch unseren eigenen Mund. Die Bibel sagt:

**Richtet nicht, damit ihr nicht gerichtet werden! Denn mit welchem Gericht ihr richtet, werdet ihr gerichtet werden.** Matthäus 7:1

Darum werden wir ermahnt, schnell zum Hören, langsam zum Sprechen und langsam zum Zorn zu sein (siehe Jakobus 1:19).

Sehen wir Sünde im Lager, das Fallen geistlicher Leiter und Sünde im Leib Christi aufgedeckt, ist das Erste, was wir tun sollten, auf unsere Knie zu fallen und Buße durch folgende Worte zu tun: „Gott, vergib *uns*. Hilf *uns*." Warum? *Wir* sind der Leib Christi. Falls ein Dienst aufgrund von Sünde ineffektiv wird, müssen wir erkennen, dass wir bis zu dem Ausmaß geschwächt werden, wie die Wirksamkeit dieser Person eingeschränkt wurde. Wir brauchen jedes Glied am Leib Christi, um ganz zu sein und in jedem Dienstbereich funktionieren zu können. Wir alle sind zum Dienst der Versöhnung und Wiederherstellung berufen, nicht etwa zu einem Dienst der Verhöhnung und des Steinewerfens. Wir müssen diesen Menschen im Geist der Demut wiederherstellen. Leider entspricht das nicht der menschlichen Natur und nicht einmal der normalen Gemeindekultur. Dennoch ist dies der Maßstab Christi, dem wir an diesem siebten Tag nacheifern müssen.

Alles andere als ein Herz der Umkehr und Zerbrochenheit zugunsten gefallener Brüder und Schwestern ist kindisch und unreif. Es entspricht nicht dem Geist Christi und dem Herzen des Vaters. So verkündete David sein Urteil aus seinem eigenen Mund. In 2. Samuel 12:7-14 lesen wir:

**Da sagte Nathan zu David: Du bist der Mann! So spricht der HERR, der Gott Israels: Ich habe dich zum König über Israel gesalbt, und ich habe dich aus der Hand Sauls gerettet, und ich habe dir das Haus deines Herrn gegeben und die Frauen deines Herrn in deinen Schoß und habe dir das Haus Israel und Juda gegeben. Und wenn es zu wenig war, so hätte ich dir noch dies und das hinzugefügt. Warum hast**

**du das Wort des HERRN verachtet, indem du tatest, was böse ist in seinen Augen? Uria, den Hetiter, hast du mit dem Schwert erschlagen, und seine Frau hast du dir zur Frau genommen. Ihn selbst hast du ja umgebracht durch das Schwert der Söhne Ammon. Nun denn, so soll das Schwert von deinem Haus auf ewig nicht weichen, dafür, dass du mich verachtet und die Frau Urias, des Hetiters, genommen hast, damit sie deine Frau sei. So spricht der HERR: Siehe, ich lasse aus deinem eigenen Haus Unglück über dich erstehen und nehme deine Frauen vor deinen Augen weg und gebe sie deinem Nächsten, dass er bei deinen Frauen liegt vor den Augen dieser Sonne! Denn du, du hast es im Verborgenen getan; ich aber, ich werde dies tun vor ganz Israel und vor der Sonne! Da sagte David zu Nathan: Ich habe gegen den HERRN gesündigt. Und Nathan sagte zu David: So hat auch der HERR deine Sünde hinweggetan, du wirst nicht sterben. Nur weil du den Feinden des HERRN durch diese Sache Anlass zur Lästerung gegeben hast, muss auch der Sohn, der dir geboren ist, sterben.**

Beachte, die Sünde wurde aufgrund von Verachtung für den Herrn begangen! Ja, es war eine gegen Uria und dessen Frau begangene Sünde, aber letztendlich sündigte David gegen den Herrn. Wenngleich wir gegen unsere Brüder und Schwestern gesündigt haben mögen, haben wir letzten Endes gegen den Herrn gesündigt, indem wir die Versorgung durch den mit ihm geschlossenen Bund abgelehnt haben.

Obwohl wir den Herrn oftmals unwissend durch unsere Worte und Taten verletzen und ablehnen, gibt es einen Tag, der keinem anderen Tag entspricht, an dem wir die Reife des Leibes Christi erfahren werden, dessen Leidenschaft und Ziel es sein wird, den König der Herrlichkeit mit allen Worten und Taten zu ehren; dieser Tag ist der siebte Tag.

Jetzt tat David etwas, dass wir alle lernen sollten, und zwar sollten wir es sofort anwenden, wenn Sünde in unseren Leben aufgedeckt wird. Er fiel auf sein Angesicht, tat Buße und sagte:

„Gott vergib mir, ich liege falsch." Er versuchte nicht, sich zu rechtfertigen. Er fand keine Ausreden, sondern sagte nur: „Ich liege falsch, ich kehre um." Wir sehen, hier an diesem siebten Tag geschieht etwas, das wir zu lernen haben. Als Einzelne und gemeinschaftlich müssen wir lernen, Verantwortung für unsere Worte und Taten zu übernehmen. Was mit Adams Ausrede, *„Herr, die Frau, die du mir gabst ..."* (siehe 1. Mose 3:12) begann, muss mit einem demütigen Herzen enden, das sagt: „Vater, vergib mir." Versuche nicht, Dir Ehre vorwegzunehmen und zu einem Leiter zu werden, bevor Gott Dich freigesetzt hat. Das Gericht für einen Leiter ist weit größer, denn Leiter beeinflussen die Leben vieler. – 2. Samuel 12:15-18 sagt:

> **Und der HERR schlug das Kind, das Urias Frau dem David geboren hatte, und es wurde schwer krank. Und David suchte Gott um des Jungen willen. Und David fastete lange. Und wenn er hineinkam, lag er die Nacht über auf der Erde. Und die Ältesten seines Hauses machten sich zu ihm auf, um ihn von der Erde aufzurichten. Aber er wollte nicht und aß kein Brot mit ihnen. Und es geschah am siebten Tag, da starb das Kind. Und die Knechte Davids fürchteten sich, ihm zu berichten, dass das Kind tot sei, denn sie sagten sich: Siehe, als das Kind noch am Leben war, haben wir zu ihm geredet, und er hat nicht auf unsere Stimme gehört: Wie könnten wir jetzt zu ihm sagen: Das Kind ist tot? Er würde Unheil anrichten.**

## Eine Gemeinde ohne Makel

Lass dies tief in Dein Herz sinken. Was aus Sünde und Rebellion geboren wird, kann die Vorhaben Gottes auf dieser Erde nicht erfüllen. Was aus Sünde entspringt, wird sterben. Es wird weder die Gegenwart Gottes noch Seine Salbung tragen. Trotz eines bußfertigen Herzens (so wie es David zeigte) und trotz Fasten und Fürbitte – was aus der Rebellion heraus kommt, ist zum Scheitern verurteilt. Gott segnet weder Sünde noch ihre Frucht.

Es ist der siebte Tag. Wenn sich dieses Jahrtausend entfaltet, werden wir in Gemeinden und Diensten erleben, wie die aus Sünde und Rebellion geborenen Dinge sterben werden. Diese werden nicht gebraucht, um Gottes Vorhaben auf der Erde zu erfüllen. Der Tag, an dem Vermischung übersehen wird, ist vorbei. Jesus kommt zurück zu einer Gemeinde ohne Flecken und Runzeln. Alles, was aus Sünde geboren wird, wird das Handeln des Geistes Gottes nicht vorweisen können. Bestenfalls wird es eine falsche Salbung sein, welche die Unwissenden nur tiefer in Lethargie und die Annahme dämonischer Lehre führt. Aus Sünde geborene Gemeinden und Bewegungen werden von Anfang an kompromissbereit sein und fleischlich in allem, was aus ihnen entspringt. – 2. Samuel 12:19 besagt:

**Und David sah, dass seine Knecht miteinander flüsterten.**

Hier sehen wir ein Bild von Dienern, die sich fürchteten, die Wahrheit zu sagen. Sie wollen nicht sagen, dass, was David versuchte zu tun, nicht funktionieren würde. – „Pastor, dies wird sterben. Diese Sache ist nicht von Gott."

Heute brauchen wir mutige Männer und Frauen, welche die Wahrheit mit Liebe kundtun. Als Leiter müssen wir uns mit kühnen Männern und Frauen umgeben, die uns helfen werden, dem Wort Gottes und dem Gott des Wortes gegenüber verantwortlich zu bleiben. Betrachten sich Leiter selbst als unfehlbar, sind sie keine Pastoren oder Leiter, sondern Diktatoren.

**Da merkte David, dass das Kind tot war. Und David sagte zu seinen Knechten: Ist das Kind tot? Sie sagten: Es ist tot. Da stand David von der Erde auf und wusch sich und salbte sich und wechselte seine Kleider und ging ins Haus des HERRN und warf sich vor ihm nieder. Dann kam er in sein Haus zurück und verlangte zu essen, und man setzte ihm Brot vor, und er aß. Da sagten seine Knechte zu ihm: Was ist das für eine Sache, die du tust? Als das Kind lebte, hast du**

**seinetwegen gefastet und geweint, sobald aber das Kind gestorben war, bist du aufgestanden und hast gegessen! Da sagte er: Als das Kind noch lebte, habe ich gefastet und geweint, weil ich mir sagte: Wer weiß, vielleicht wird der HERR mir gnädig sein, und das Kind bleibt am Leben. Jetzt aber, da es tot ist, wozu sollte ich denn fasten? Kann ich es etwa noch zurückbringen? Ich gehe einmal zu ihm, aber es wird nicht zu mir zurückkehren.** 2. Samuel 12:19-23

Es gibt Dinge, die wir nicht in Gerechtigkeit hervorgebracht haben; diese wird der Herr an diesem Tag aus unseren Leben entfernen. Es sind aus dem Fleisch geborene Ablenkungen, welche der Erfüllung unserer göttlichen Bestimmung nicht förderlich sind. Uns ist die beispiellose Gelegenheit gegeben, heute dem Geist Gottes zu erlauben, uns von Sünde zu überführen, die Probleme in unseren Leben zu behandeln und die Werke des Fleisches von uns zu entfernen.

Sobald wir Ihm gestatten, diese Dinge in unserem Leben offenzulegen, haben wir die Möglichkeit, auf erlösende Art zu reagieren. So wie David können wir uns erheben, eine frische Salbung erhalten und Buße tun von unserer Dummheit und Sünde.

An diesem Tag müssen wir Raum für eine andere Denkweise schaffen. Scheinen unsere Pläne nicht zu funktionieren, ist es vielleicht Zeit festzustellen, ob dies *unsere* Pläne sind, oder Seine Pläne. Verstehe, Seine Pläne führen immer zum Erfolg, wenn wir uns Ihm hingeben.

# 8

# Ernte und Kraft

**Am siebten Tag, als das Herz des Königs vom Wein fröhlich war, befahl er sieben Eunuchen, ... die Königin Wasti mit dem königlichen Diadem vor den König kommen zu lassen, um den Völkern und Fürsten ihre Schönheit zu zeigen ... Aber die Königin Wasti weigerte sich ...** Esther 1:10-12

Genauso wie Wasti zu einem Bankett eingeladen war, sind wir alle zu einem Hochzeitsfest gebeten worden. In Matthäus 22:1-13 wird von der Vorbereitung eines solchen Festes gesprochen. Da sich aber die Eingeladenen weigerten zu kommen, sagte Gott:

**So geht nun hin auf die Kreuzwege der Landstraßen, und so viele immer ihr finden werdet, ladet zur Hochzeit ein.** Matthäus 22:9

Auch Du kannst Dich weigern, Teil der Brautgesellschaft der Gläubigen zu sein. Du kannst dem Befehl des Königs widerstehen und Dich selbst von dem ausschließen, was Gott heute sagt. Aufgrund Königin Wastis Weigerung, dem König gehorsam zu sein, wurde sie durch Esther ersetzt.

Meines Erachtens befinden wir uns in der Zeit eines „Wachwechsels". Manche haben abgeschlossen und gehen nach Hause, einige weigern sich, die vergangenen Denkmuster des sechsten Tages abzulegen; doch auch erleben wir, wie zu dieser Stunde ein Überrest von Gläubigen hervorkommt, der die neuen himmlischen Strategien für diese Zeit vollauf begrüßt. An diesem Tag wirkt der Herr etwas Neues. Dies wurde nie zuvor gesehen und vorher noch nie erlebt. Es wird uns veranlassen, das Verständnis von *Gemeinde* zu überprüfen und uns aus Trägheit zu beständigen Glaubenswerken hin bewegen.

**Und es geschah im elften Jahr, im ersten Monat, am Siebten des Monats, da geschah das Wort des HERRN zu mir so: Menschensohn, den Arm des Pharao, des Königs von Ägypten, habe ich zerbrochen; und siehe, er ist nicht verbunden worden, ihm Heilung zu verschaffen, indem man einen Verband angelegt hätte, ihn zu verbinden, um ihn zu stärken, damit er das Schwert fassen kann. Darum, so spricht der Herr, HERR: Siehe, ich will an den Pharao, den König von Ägypten, und zerbreche seine Arme, den starken und den zerbrochenen, und lasse das Schwert seiner Hand entfallen.** Hesekiel 30:20-22

Studiert man die Bibel auf Sinnbildlichkeit hin, entdeckt man manchmal tiefere Wahrheiten, die nicht so offensichtlich sind, wie jene, die wir auf anderen Wegen finden. Der König von Ägypten und Ägypten selbst sind Beispiele dafür. Ägypten ist ein Bild für die Welt. Pharao ist ein Typus für den Satan, den Herrscher dieser Welt. An diesem siebten Tag zerbricht der Herr den Arm Satans und seine Fähigkeit, Chaos im Königreich Gottes anzurichten. Er wird in seiner Kriegsführung und seinen Plänen gegen uns wirkungslos sein, wenn wir lernen, auf Gott zu vertrauen, Seine Stimme beachten und tun, was Er befiehlt.

Ein neuer Tag bricht an, eine neue Zeit, welche die Freisetzung einer neuen Strategie für effektive geistliche Kampfführung bezeugen wird. Diese wird den Feind erfolglos gegen uns aussehen lassen, wenn wir Gott gegenüber gehorsam sind. So sieht die Strategie aus: Der Herr wird für uns kämpfen. Ein Volk des ausgesonderten Überrestes – Menschen, die von ihren eigenen Werken abgelassen haben und sich nicht länger selbst anstrengen – wird erleben, wie sich der Herr zu ihren Gunsten überaus und überreich bewegen wird – über das hinaus, was sie erbitten oder erdenken können (siehe Epheser 3:20).

**Und die Hand des HERRN kam dort über mich, und er sprach zu mir: Mache dich auf, geh hinaus in das Tal. Und dort will ich mit dir reden!**

**Hesekiel 3:22**

Wer tat es? Gott! Es war nicht die Gemeinde mit ihren Programmen und Binsenweisheiten. Auch nicht Gottes Bundesvolk, welches das Wort wie eine Formel sprach. Der Herr selbst sprach und machte den König von Ägypten für Sein Volk unschädlich. Lass dies in Dein Herz fallen. Gott selbst wird unsere Kämpfe für uns ausfechten. Wenn wir Ihm gegenüber gehorsam sind, werden wir standhaft bleiben und die Rettung Gottes für uns erleben.

## Das Kommen des Königs

**So spricht der Herr, HERR: Das Tor des inneren Vorhofs, das nach Osten weist, soll die sechs Werktage hindurch geschlossen sein; aber am Sabbattag soll es geöffnet werden, und am Tag des Neumondes soll es geöffnet werden. Und der Fürst soll durch die Vorhalle des Tores von außen her hineingehen und an den Pfosten des Tores stehen bleiben; und die Priester sollen sein Brandopfer und seine Heilsopfer darbringen, und er soll auf der Schwelle des Tores anbeten und hinausgehen; das Tor soll aber bis zum Abend nicht geschlossen werden. Und das Volk des Landes soll vor dem HERRN anbeten am Eingang dieses Tores, an den Sabbaten und an den Neumonden. Und das Brandopfer, das der Fürst dem HERRN darbringt, soll am Sabbattag sechs fehlerlose Lämmer und einen fehlerlosen Widder betragen. Und das Speisopfer: ein Efa für den Widder; für die Lämmer aber beträgt das Speisopfer eine Gabe seiner Hand; und Öl: ein Hin für das Efa. Und am Tag des Neumondes soll das Brandopfer einen fehlerlosen Jungstier betragen und sechs Lämmer und einen Widder; ohne Fehler sollen sie sein. Und ein Efa für den Stier und ein Efa für den Widder soll er als Speisopfer opfern; und für die Lämmer: so viel**

**seine Hand aufbringen kann; und Öl: ein Hin für das Efa. Und wenn der Fürst hineingeht, soll er durch die Vorhalle des Tores hineingehen; und auf demselben Weg soll er hinausgehen.** Hesekiel 46:1-8

Wir wissen, das Osttor zur Stadt Jerusalem wurde versiegelt und verschlossen, denn Prophezeiungen besagen, der König der Herrlichkeit, Jesus, wird durch das Osttor in die Stadt einziehen. Die Ahnen dachten, *wir werden es nicht nur unter Verschluss halten, sondern dort auch eine Grabstätte einrichten.* Denn nach dem jüdischen Gesetz kann man die Gräber der Toten nicht betreten, ohne unrein zu werden. Die Feinde Israels dachten bei der dortigen Platzierung von Gräbern, sie würden so die Prophetie über den König der Herrlichkeit und Seinen Weg durch das Osttor durchkreuzen können.

Bei ihren Überlegungen bedachten sie aber nicht, dass Jahwe allmächtig ist und Er schon eine passende Strategie bereithält. Die Toten werden auferstehen und das Tor wird geöffnet werden. Das wird am siebten Tag, dem Sabbat, geschehen. Das Tor wird geöffnet und der Fürst wird auf Seinem Weg vom äußeren Vorhof durch dieses Tor eintreten. Jesus, der Friedefürst, wird am siebten Tag im Triumphzug durch dieses Tor eintreten. Er kommt hindurch als Friedefürst und Herrscher dieser Welt. Er wird Sein tausendjähriges Königreich gründen und bei der Errichtung Seines Thrones werden Ströme des Lebens durch das Osttor hinunter ins Tote Meer fließen. Das geschieht an diesem Tag! Sein letzter siegreicher Einzug steht kurz bevor, und Du und ich dürfen in der ersten Reihe Platz nehmen!

Wie schon zuvor erwähnt, gibt es heute Menschen, die Begegnungen mit dem auferstandenen Christus in Visionen, Träumen und auf viele andere verschiedene Arten haben, und als Ergebnis kommen Millionen Menschen in der ganzen Welt zu der errettenden Erkenntnis über Jesus. Auch haben wir bereits darüber gesprochen, dass Muslime Begegnungen mit dem Herrn hatten. Dieses geschieht im Nahen Osten, in Israel und in Arabien und buchstäblich überall in der Welt. Der Herr bewegt sich auf noch nie dagewesenen Wegen und tut außergewöhnliche Dinge. Die Frage bleibt: *Warum tut der Herr dies zu dieser Zeit?*

In Apostelgeschichte 1:11 lesen wir:

> **Männer von Galiläa, was steht ihr und seht hinauf zum Himmel? Dieser Jesus, der von euch weg in den Himmel aufgenommen worden ist, wird so kommen, wie ihr ihn habt hingehen sehen in den Himmel.**

Vom Morgen der Auferstehung (oder früh am Morgen des dritten Tages) bis 40 Tage später bei Seiner Himmelfahrt, erschien Jesus fast 90 Prozent der bekannten Gemeinde in auferstandener körperlicher Gestalt. *Er erschien mehr als fünfhundert Brüdern auf einmal* (siehe 1. Korinther 15:6). Ebenfalls zeigte Er sich den Jüngern und den Frauen am Grab.

Jesus sagte, in der Weise, wie Er fortgehe, werde Er auch zurückkehren. Eines der deutlichsten Zeichen in dieser Generation für die baldige Rückkehr Christi ist diese besondere Passage in der Schrift, gepaart mit der Vielzahl von Visionen und Begegnungen mit dem auferstandenen Jesus Christus. Jeder einzelne mit einem solchen Zeugnis, dem wir begegnet sind, hat dies mit den anderen gemeinsam: Die Botschaft, dass Jesus eher wiederkommt, als irgendjemand erwartet.

### Die Henoch-Generation

Judas 14 sagt, dass Henoch der siebte von Adam an war. Wir befinden uns im siebten Tag (im siebten Jahrtausend) seit Adam! Wir sind eine Endzeit-Henoch-Generation; eine Generation, welche den Tod nicht schmecken wird. Wir werden eine Begegnung mit Gott haben, die uns in einem Moment, in einem Augenblick, verändert und umgestaltet. Ich habe mich nicht mit körperlichem Tod und anschließendem ewigen Leben abgefunden. Ich freue mich auf die übernatürliche Versetzung in den Himmel. Das mag für manche Leute zu radikal sein, aber ich möchte Menschen dazu anspornen, im Wort zu graben und Offenbarungen für diese Stunde zu bekommen, anstatt sich in „gesegneter Heilsgewißheit" zurückzulehnen und die Zeit abzuwarten, bis Jesus zurückkommt.

**Zu jener Zeit ging Jesus am Sabbat (dem siebten Tag) durch die Saaten; es hungerte aber seine Jünger, uns sie fingen an, Ähren abzupflücken und zu essen.** Matthäus 12:1

**Sagt ihr nicht: Es sind noch vier Monate, und die Ernte kommt? Ich sage euch: Die Felder sind schon weiß zur Ernte.** nach Johannes 4:35

Was ist die Ernte? Die Ernte am Ende des Zeitalters, am siebten Tag, sind Seelen. An diesem siebten Tag fahren Jesus und die Jünger die Ernte ein. Deshalb hören wir beständig Zeugnisse von Menschen, die eine Begegnung mit Jesus hatten. Dies ist der siebte Tag. Wir sollten äußerst hungrig und leidenschaftlich sein - ein Volk, welches sich so sehr nach der Rückkehr Christi sehnt, dass es aktiv in den Erntefeldern arbeitet und den Weizen ausliest, um den Herzenswunsch des Herrn zu erfüllen - die Errettung der Verlorenen.

Aus der Schrift wissen wir, sind wir Gott gehorsam, ist Er sofort dabei und arbeitet mit uns an allem, was wir anfangen. Tatsächlich sagt Er, dass Er vor uns hergeht und einen Weg bereitet, wo es keinen Weg zu geben scheint. Es gibt etwas an diesem Tag, dass einzigartig ist und sich von allen vorangegangenen Tagen und Zeiten abhebt. Dies hängt mit der Gemeinschaft des Heiligen Geistes zusammen, der freundschaftlichen Verbindung mit Gott, dem Vater, und dem Arbeiten, Wandeln und Wirken in Seinen Anweisungen an diesem Tag, das jeden anderen Tag übersteigt.

Der Dienst ist noch nie so fruchtbar gewesen und auf seine Art leicht. Ich meine dies nicht auf banale Weise. Meines Erachtens tut der Herr heute etwas Einzigartiges auf der Erde. Gottes Herz und Leidenschaft bestehen darin, diese Dinge abzuschließen. Er möchte Dich Zuhause haben! Er verzehrt sich nach Dir! Er wünscht sich für Dich, dass Du zu allem wirst, von dem Er sagt, dass Du es bist, und dass Du den Himmel auf der Erde demonstrierst. Er hat sechs Tage lang gewartet.

In Matthäus 12:2 heißt es:

> **Als aber die Pharisäer es sahen, sprachen sie zu ihm: Siehe, deine Jünger tun, was am Sabbat zu tun nicht erlaubt ist.**

Solange es Menschen gibt, werden wir Pharisäer dabei haben, welche die Schrift zurücksetzen. Die Schrift aus Vernunftgründen auf den zweiten Platz zu verweisen, ist ihnen wichtiger, als eine Beziehung einzugehen. Es wird immer jene geben, die sagen, das *aktuelle* Wort Gottes sei nicht von Bedeutung. Dieser Haltung entgegen kann das Wort Gottes im Geist Gottes wahrgenommen und ergriffen werden – nicht durch die Intelligenz der Menschen. Leben kommt durch die Offenbarung des Wortes.

## Jesus ist das Wort

In einem Leben, das sich dem Aufbau einer Beziehung mit Gott widmet, finden wir eine Freiheit, die auf keine andere Art hervorkommt. Ein Freund Gottes zu sein, übersteigt jedes andere Bestreben, jedes verstandesmäßige sowie auch jedes natürliche Unterfangen. In Apostelgeschichte 9 habe ich ein Prinzip gefunden, das mir von meinen ersten Tagen als neugeborener Christ bis heute eine Inspiration für meinen Wandel mit Christus gewesen ist. Diese Grundlage kann man in der Bekehrung von Saulus von Tarsus, der später zu Paulus dem Apostel wurde, finden. Während seiner Begegnung mit dem Herrn, stellte Saulus zwei Fragen, die mir die Ordnung zeigten, wie ich meinen Weg in Christus führen sollte.

Die erste Frage war: *„Wer bist du, Herr?"* (Apostelgeschichte 9:5). – Unser erstes Augenmerk sollte auf der Entwicklung einer Beziehung mit dem Herrn liegen. Wir müssen beständig die Erkenntnis Gottes verfolgen, bevor wir jemals nach Gottes Art der Erkenntnis wandeln können.

Frage Nummer zwei formte dann die Basis meines Lebens und meiner Berufung, gegründet auf der ersten Frage nach der zuvor entstandenen Beziehung: *„Herr, was möchtest Du, dass ich tue?"* (Apostelgeschichte 9:6). Jeder wahre Dienst wird das Ergebnis einer Christus zentrierten Beziehung sein.

Der Herr forderte mich eines Tages mit einer Frage heraus, die das infrage stellte, was mir auf der Bibelschule und in der Gemeinde beigebracht worden war. Ich war gelehrt worden, dass die Wunder des Alten Testaments auf Christus hinwiesen und in Ihm ihre Erfüllung fänden. Deshalb würden wir in dem neuen Zeitalter niemals die gleiche Art von Wundern sehen, die im Alten Testament geschahen. Gott fragte: „Wer tat alle diese Wunder im Alten Testament?"

Meine Antwort erfolgte fast augenblicklich: „Das hast Du getan, Herr."

Er sagte: „Das stimmt; ich wirkte diese Wunder, indem ich mein Wort freisetzte. Jesus ist das Wort!"

Dann veränderte Er meine Theologie und mein Verständnis durch diese Aussage: *„Die Werke, die ich tue, kannst du auch tun"* (siehe Johannes 14:12). Ich dachte: „Wow, das ist doch mal was!"

Obgleich mir gesagt worden war, wir würden heute niemals mehr die gleiche Art von Wundern erfahren, die wir im Alten Testament beobachten konnten, fühlte sich das in meinem Geist niemals richtig an. Die Schrift lehrt deutlich, nichts ist denen unmöglich, die glauben (siehe Matthäus 17:20). Nichts! Das Wort sagt:

> **Jesus Christus ist derselbe gestern und heute und in Ewigkeit.**
>
> Hebräer 13:8

## Gespräche an himmlischen Orten

Aufgrund meiner Berufung zum Propheten habe ich immer Wahrnehmungen gehabt. Fortwährend habe ich gewusst, wenn etwas von Gott kam; so manches Mal ohne zu verstehen, warum oder wie. Ich hatte dann ein Zeugnis in meinem geistlichen Menschen, das es mich wissen ließ. Während meiner ersten Zeit als Christ habe ich es oftmals versucht auszudrücken, wenn ich wusste, es war der Herr, aber ohne es durch die Schrift belegen zu können. Doch häufig geriet ich in die Falle der Kritik, wenn ich meine Wahrnehmungen äußerte. Nach einiger Zeit wurde ich sehr umsichtig mit dem, was ich äußerte und weitergab, nicht weil ich nicht glaubte, was der Herr sagte, sondern weil ich diese Empfindungen nicht biblisch begründen konnte. Ich lernte, dem Herrn zu antworten, indem ich erklärte: „Vater, ich glaube Dir. Ich weiß, ich darf es nicht anzweifeln. Aber Gott, ich brauche die Bestätigung aus dem Wort, damit ich andere von der Wahrheit Deiner Rede überzeugen kann."

Das ist einer der Gründe, warum ich jetzt eine solche Leidenschaft für Gottes Wort habe. Würde ich Dir einige der Offenbarungen des Herrn ohne die Bezeugung aus dem Wort nennen, würde ich als verrückt hingestellt werden. Aber sogar mit der Grundlage aus dem Wort, gibt es Zeiten, in denen mich

Menschen schief ansehen, denn was der Herr während dieser Zeit eröffnet, ist eine Herausforderung für das von uns vertretene, bequeme Evangelium – ganz gleich, wie unbiblisch dies eigentlich ist.

Lass mich Dir zum Beispiel eine Frage stellen: Kann eine Person zur selben Zeit an zwei Orten sein? Gemäß des Wortes Gottes ist die Antwort: Ja, das geht. Im Bereich der Quantenphysik ist diese Art der intellektuellen Fragen kein Problem, aber als Christen sperren wir uns bei solchen Dingen. Hier ist die offenbarte Wahrheit aus Gottes Wort:

> **Gott aber, der reich ist an Barmherzigkeit, hat um seiner vielen Liebe willen, womit er uns geliebt hat, auch uns, die wir in den Vergehungen tot waren, mit dem Christus lebendig gemacht – durch Gnade seid ihr gerettet! Er hat uns mitauferweckt und mitsitzen lassen in der Himmelswelt in Christus Jesus, damit er in den kommenden Zeitaltern den überragenden Reichtum seiner Gnade in Güte an uns erwiese in Christus Jesus.** Epheser 2:4-7

In Christus Jesus sitzen wir bereits mit Ihm zusammen an himmlischen Orten. Kann somit ein Mann (oder eine Frau) zur selben Zeit an zwei Orten sein? Die Antwort lautet: Ja.

## Brot der Angesichte

In Matthäus 12:3-5 lesen wir:

> **Er aber sprach zu ihnen: Habt ihr nicht gelesen, was David tat, als ihn und die bei ihm waren hungerte? Wie er in das Haus Gottes ging und die Schaubrote aß, die er nicht essen durfte, noch die bei ihm waren, sondern allein die Priester? Oder habt ihr nicht in dem Gesetz gelesen, dass am Sabbat die Priester in dem Tempel den Sabbat entheiligen und doch schuldlos sind?**

Am Sabbat (oder am siebten Tag) tat David, ein Mann nach Gottes eigenem Herzen, etwas, was als ungesetzlich galt. Er betrat das Haus Gottes und aß das Schaubrot. Diese Schriftstelle faszinierte mich. Schaubrot ist in seiner prophetischen Auswirkung wichtig für uns heute. Lass mich Dir eine Erklärung aus *Smith's Bible Dictionary* weitergeben:

*Schaubrot*, bedeutet wörtlich übersetzt: „Brot des Angesichts" oder „der Angesichte." Schaubrot war ungesäuertes Brot, auf einem Tisch platziert, welches zusammen mit dem siebenarmigen Leuchter und dem Räucheraltar im Heiligtum stand. Jeden Sabbat wurden 12 frisch gebackene Brote, welche die 12 Stämme Israels repräsentierten, in zwei Reihen auf den Tisch gelegt, sechs in jede Reihe, und mit Räucherwerk besprengt, wo sie bis zum folgenden Sabbat verblieben. Dann wurden sie durch 12 neue Brote ersetzt. Das Räucherwerk auf den alten Broten war fest geworden, und sie wurden von den Priestern am heiligen Ort gegessen, aus dem sie nicht entfernt werden durften. Die Bezeichnung „Brot des Angesichts" scheint anzuzeigen: *Brot, durch das Gott gesehen werden kann.* Dies bedeutet, teilzuhaben an etwas, an das *Gott sehen* gebunden ist, bzw. durch Teilhabe daran erhalten Menschen *Sicht auf Gott.* Daraus folgt, wir dürfen nicht an Brot denken, das nur als Mittel zur Ernährung des körperlichen Lebens gilt, sondern als geistliche Nahrung und ein Mittel der Inbesitznahme und Aufbewahrung des Lebens, was darin besteht, Gottes Angesicht zu sehen.[11]

David betrat das Haus Gottes am siebten Tag und aß das Brot, durch das Gott gesehen wird! Brot ist besonders bildhaft, denn es führt zu Gottes Wort. Das Haus Gottes, im Zusammenhang mit dem, was wir gelernt und gehört haben, kann entweder Dich und mich als Tempel Gottes meinen, den Tempel in Israel (der nicht mehr steht) oder den dritten Himmel, wo sich der Thron Gottes befindet.

---

11 William Smith & H.B. Hackett (ed.), *Dr. William Smith's Dictionary of the Bible: 4 Volume Set* (1889).

Nehmen wir dies, um den Leib Christi zu bezeichnen - Dich und mich - als den Tempel, dann können wir die Bedeutung dieser Offenbarung erkennen, die an diesem siebten Tag zu uns spricht. Das Wort Gottes, wenn wir darüber meditieren und es studieren, wird ein *Rhema* für uns und bewirkt in uns die Übereinstimmung mit Seinem Bild und Seinem Charakter. Wir werden die Fülle der Beziehung mit Gott erkennen - von Angesicht zu Angesicht, auf innige Weise. Dies spricht von einer Generation, die bei der Rückkehr Christi ohne Flecken und Runzeln sein wird, wenn wir von Herrlichkeit zu Herrlichkeit verwandelt werden - Ihn sehend.

Der zweite Aspekt ist die Tatsache, dass David am Sabbat (oder am siebten Tag) das Haus Gottes betrat und dieses Brot aß. Wie ich zuvor mitteilte, haben viele heute eine Begegnung mit dem Herrn von Angesicht zu Angesicht und viele hatten und haben eine Erfahrung im dritten Himmel - eine buchstäbliche Versetzung in das Haus Gottes.

In Johannes 14:2 sagt Jesus:

**Im Hause meines Vaters sind viele Wohnungen. Ich gehe hin, euch eine Stätte zu bereiten.**

## Das Brot des Lebens

Die prophetische Anwendung und Möglichkeit Gottes weist darauf hin, dass wir ins Haus Gottes gehen können, von diesem Bereich in jenen, und das Manna essen können - das Brot des Lebens. Gottes Möglichkeit ist gerade jetzt unbegrenzt. Oft habe ich das Folgende gesagt und ich glaube es von ganzem Herzen: Der Mensch mit der Erfahrung erfährt keine Gnade von Menschen mit der Theologie. Dieses bedeutet allerdings nicht, dass ich nicht ins Wort gehen muss, um den Sachverhalt und die Wahrheit des

Wortes für die Erfahrung zu finden. Wir müssen alles anhand der Schrift prüfen; trotzdem basiert die Theologie oftmals eher auf menschlichem Verstand als auf der Offenbarung von Gottes Wort. Aber so halten wir uns oftmals selbst vom Leben Gottes ab. Der Mensch mit der göttlichen Erfahrung erfährt niemals Gnade vom theologischen Menschen.

Wir leben in einer Generation, die sagt: „Beweise mir, dass Gott real ist." Sie haben die „Christen" beobachtet und erlebten ein Beispiel von sehr viel Gerede ohne Substanz. Lasst uns den Menschen zeigen, dass Gott real ist. Wir sollten ihnen eine greifbare Anrührung vermitteln, einen Ausdruck der Realität dessen, was Er für sie bereithält. So wie David sollten wir die Menschen ins Haus Gottes führen und sie mit dem „Brot, durch das Gott gesehen wird", speisen.

Matthäus 12:5-8 sagt:

> **Oder habt ihr nicht in dem Gesetz gelesen, dass am Sabbat die Priester in dem Tempel den Sabbat entheiligen und doch schuldlos sind? Ich sage euch aber: Größeres als der Tempel ist hier. Wenn ihr aber erkannt hättet, was das heißt: „Ich will Barmherzigkeit und nicht Schlachtopfer", so würdet ihr die Schuldlosen nicht verurteilt haben. Denn der Sohn des Menschen ist Herr des Sabbats.**

Der Sohn des Menschen, Jesus, ist Herr des Sabbats. Jesu Herrschaft, Seine Autorität, wird am siebten Tag offenbar. Genauso wie sich der Leib Christi auf einen letzten Zusammenstoß mit den Mächten der Finsternis zubewegt, werden wir ein exponentielles Verständnis über die Vollmacht entdecken, die uns als Söhnen Gottes übertragen ist. Ungewöhnliche Wunder werden hervorkommen, und im Gegensatz zu den strategischen Versuchen des Fürsten der Finsternis stehen, seine bösen Vorhaben für die Menschheit am Ende der Zeit voranzutreiben.

Wie sieht *ausgeübte Herrschaft* aus? Dies bedeutet, wo auch immer ich bin, kann ich Herrschaft und Autorität ausüben, um das Königreich des Himmels auszuweiten. Es wird in uns und durch uns manifestiert, weil wir in die Reife Jesu kommen. Wir werden die Fülle der Erkenntnis verstehen, die uns verliehen wurde. Und wohin wir auch gehen, wird das Königreich der Himmel freigesetzt werden.

Krankheiten und Schwächen müssen fliehen. Dämonen, Angst und Zweifel müssen abrücken. Alles wird sich auf die richtige Seite drehen, wenn wir in dieser Offenbarung wandeln, in der übernatürlichen Ausrüstung, die Gott für diese Generation freisetzt. Die Fülle des Standes, die Gott für Seine Schöpfung vorgesehen hat, wird uns gehören. Diese Fülle und der Stand der Erkenntnis Gottes wird sich in denen zeigen, welche das Wort Gottes und die Offenbarung Gottes empfangen wollen, die sich Gott hingeben und Ihm gehorsam sein wollen.

**Und als er von dort weiterging, kam er in ihre Synagoge.** Matthäus 12:9

**Und er kam nach Nazareth, wo er erzogen worden war; und er ging nach seiner Gewohnheit am Sabbattag in die Synagoge und stand auf, um vorzulesen.** Lukas 4:16

## Göttliche Unzufriedenheit

Am siebten Tag, dem Sabbat, war es Jesu Gewohnheit in den Tempel zu gehen. Vor einigen Jahren begann der Herr in den Herzen Seines Volkes einen größeren Hunger und eine Leidenschaft für Ihn hervorzurufen. Anfänglich war es eine subtile Unruhe bei den Menschen, die empfanden, es müsse etwas mehr bei ihrem christlichen Wandel geben, als das, was sie derzeit erlebten. Dies stieg zu dieser von mir so genannten „göttlichen Unzufriedenheit" an und wurde zu einem verzweifelten Ruf nach mehr. Seit fast zwei Jahrzehnten hat dieser Hunger zugenommen und zu diesem Moment geführt, dieser Zeit der Bestimmung, die der siebte Tag genannt wird. Der Herr selbst hat in uns diesen Hunger und dieses Verlangen hervorgerufen, und es ist der Herr, der diesen verzweifelten Hunger zu dieser Stunde stillen wird, indem Er Seinen Tempel an diesem siebten Tag aufsucht!

**Und als er von dort weiterging, kam er in ihre Synagoge. Und siehe, da war ein Mensch, der eine verdorrte Hand hatte. Und sie fragten ihn und sprachen: Ist es erlaubt, am Sabbat zu heilen?, damit sie ihn anklagen könnten.** Matthäus 12:9+10

Unter den Christen gibt es viele mit der Haltung, Heilung sei nicht mehr für heute gedacht; sie glauben, diese habe mit dem Tod des letzten Apostels aufgehört. Sie mögen an einer Lehre, einer Theologie oder einer Tradition festhalten, welche die Wahrheit der übernatürlichen Manifestationen des Geistes in unserem Zeitalter ausschließt, aber die Mehrzahl dieser Menschen sind hungrig nach mehr von Gott, sogar wenn sie nicht wissen, was dieses „mehr" bedeutet. Die gute Nachricht ist, dass die Bibel sagt, wer nach der Wahrheit suche, diese finden werde. Es spielt keine Rolle, ob sie Buddhisten, Hindi, Muslime oder Taoisten sind. Auch ist es egal, ob sie Agnostiker, Atheisten, Calvinisten, Baptisten oder Charismatiker sind, oder welchen Stempel wir sonst noch erkennen mögen. Falls es einen Samen des Hungers in Dir gibt, der sich nach der Wahrheit sehnt, hat es niemals einen besseren Tag für die Erfüllung dieses Verlangens gegeben. Die Wahrheit wird offenbart werden.

Entspricht es dem Gesetz an diesem siebten Tag zu heilen? Jesus fragte sie:

**Welcher Mensch wird unter euch sein, der ein Schaf hat und, wenn dieses am Sabbat in eine Grube fällt, es nicht ergreift und herauszieht.**
Matthäus 12:11

Was ist ein Schaf? Bildlich gesehen, sind wir die Schafe Seiner Weide. Jesus fragte:

**Wie viel wertvoller ist nun ein Mensch als ein Schaf! Also ist es erlaubt, am Sabbat Gutes zu tun.** Matthäus 12:12

In diesem Zeitalter der Gnade, und besonders am Sabbat, werden wir sehen, wie sich die Hand Gottes durch tiefgehende Heilungswunder zeigt.

Wir befinden uns am Rande einer mächtigen, noch nie dagewesenen Ausgießung des Geistes Gottes. Die Herrlichkeit dieses letzten Hauses wird größer sein, als die vorangegangene (siehe Haggai 2:9). Es hat bereits begonnen. Erstaunliche Wunder geschehen in vielen Gegenden der Welt, und wir befinden uns nun in der Morgendämmerung dieses Tages. Bewegen wir uns weiter in diesen Tag der Bestimmung hinein, werden wir Zeugen einer Beschleunigung, nicht nur bei den Wundern, sondern auch bei ihrer Intensität und ihrem Umfang. Der Herr hat zu vielen über eine kommende Heilungserweckung gesprochen, welche den Globus als Teil eines letzten Zeugnisses und einer letzten Ernte einhüllt. Ich glaube, wir werden Massenheilungen erleben, Massenbefreiungen und Massenbegegnungen mit dem lebendigen Gott. Ganze Gemeinwesen werden von der Kraft Gottes berührt und geheilt, befreit und spontan freigesetzt werden, wenn der Herr Seinen Geist ausgießt. Wir werden die Auferweckung von Toten in einem Ausmaß erleben wie nie zuvor. Es werden ganze Gruppen von Menschen zur gleichen Zeit vom Tode auferweckt werden, wenn der Herr Seine Macht auf außergewöhnliche Arten erweist.

**Dann spricht er zu dem Menschen: Strecke deine Hand aus! Und er streckte sie aus, und sie wurde wiederhergestellt, gesund wie die andere.** Matthäus 12:13

## Eine Glaubenskrise

Jetzt kommen wir zu einer Glaubenskrise. Alles, was diesem Mann durch das Glaubenssystem seiner Zeit gelehrt wurde, schrie ihm zu, dieses sei nicht richtig! Sogar seine Leiter (Pastoren) sagten, es sei gesetzlos. Er hätte entgegnen können: „Nein, wir tun es auf diese Art ... so sagt es meine Glaubensrichtung. So sagt es meine Bibelschule, und genauso habe ich es immer geglaubt.“ Und in der Weise setzen sich die Entschuldigungen fort. An diesem siebten Tag fordert uns der Herr heraus, unsere Bequemlichkeitszone zu verlassen, unsere kleinkarierten Lehren hinter uns zu lassen und etwas zu tun, was wir niemals zuvor getan haben. Er bittet uns, Ihm vollständig zu vertrauen und vorbehaltlos zu gehorchen.

Jesus befahl diesem Mann, etwas zu tun, was all dem entgegen stand, was er kannte: „Strecke deine Hand aus und sei an diesem Tag geheilt.“ Dieser Mann stand einer lebensverändernden Entscheidung gegenüber. Seine Frage war: „Handele ich im Gegensatz zu allem mir Bekanntem, auch wenn dies meine Ächtung bedeutet?“ Meine Frage lautet, möchtest Du ein Freund Gottes sein und ein Feind der Welt; oder möchtest Du lieber Kompromisse eingehen und der Welt ein Freund sein, aber ein Feind Gottes, und somit im allseits bekannten Zustand des Stillstandes verbleiben?

Es gibt eine zweifache Offenbarung, die bezüglich dieses siebten Tages zu uns spricht. Erstens sprechen Hände in der Bibel symbolisch von Dienst. Wir sehen das Bild eines Mannes, der Gott nicht mit der ihm von Gott gegebenen völligen Fähigkeit dienen kann, weil er eher durch die Traditionen und Lehren der Menschen davon abgehalten wird, als gemäß der Schrift in Freiheit zu wandeln (siehe Markus 7:8).

Eines der größten zu beobachtenden Zeichen dieses siebten Tages ist, dass wir in einem stärkeren Ausmaß das Wunder erleben werden, wie Glieder wiederhergestellt werden. Dies spricht sowohl von der Liebe und Leidenschaft des Herrn, als von der

Freisetzung von Gottes Volk von der Tyrannei und Gefangenschaft menschengemachter Traditionen, die uns von unserer göttlichen Bestimmung abgehalten haben.

Jesus sagte zu dem Mann: *„Strecke deine Hand aus."* Als dieser im Glauben handelte, wurde seine Hand so gesund wie die andere.

Der zweite Aspekt dieser Offenbarung ist der folgende: Jesus suchte ganz bewusst diesen besonderen Tempel auf und setzte diesen Mann frei, der sein ganzes Leben in solch einem Zustand gewesen war. Er hatte sich damit abgefunden, weniger zu sein und zu haben, als er hätte sein und haben können. Die Bibel beschreibt nicht, dass der Mann für dieses Wunder gefastet und gebetet hätte. Es war eine göttliche Handlung der Liebe und Leidenschaft, ein „plötzlich" von Gott, das in sein Leben trat, und Freiheit war das Ergebnis.

**Dein Wunder loslassen**

Heute gibt es viele Menschen, die den Empfang ihres Heilungswunders aufgegeben haben oder ihre Freisetzung in den Bereich ihres Dienstes, zu dem der Herr sie berufen hat. An diesem siebten Tag werden viele, die in die gewohnte Tyrannei geraten sind, eine „plötzliche" Begegnung mit dem lebendigen Gott haben und Er wird über sie ein Wort der Freisetzung aussprechen. Dies ist ein Tag der Vollendung! Ein Tag, an dem jede Bundesverheißung erfüllt wird! Ein Tag der Ruhe – mit all unseren eigenen Werken aufzuhören und dem Herrn zu erlauben, uns in unsere Bestimmung hinein freizusetzen!

Wir können uns nicht erlauben, uns Sorgen über religiös gesinnte Menschen zu machen, oder über jene, die eher Traditionen als Gott folgen, wenn sie sich dazu entscheiden, gegen uns aufzustehen, uns Gewalt anzutun, zu töten oder uns zu verfluchen. Erinnere Dich daran, der Arm des Pharao ist zerbrochen.

Jesaja 54:17 sagt:

**Keiner Waffe, die gegen dich geschmiedet wird, soll es gelingen; und jede Zunge, die vor Gericht gegen dich aufsteht, wirst du schuldig sprechen ...**

Freiheit kommt zu jenen, die es wagen, Gott zu glauben und zu tun, um was Er sie bittet, sogar, wenn es dem entgegensteht, was ihnen immer als Norm bekannt war. Gottes Vorhaben werden während dieser Zeit der Vervollständigung nicht verhindert oder durchkreuzt. Als ganze Generation werden wir die Worte „Es ist vollbracht" hören, wenn die Verwaltung und Herrschaft des Menschen auf den König der Könige und Herrn der Herrn übergeht. Kurz vor diesem Übergang werden wir als Volk Gottes jede Gelegenheit haben, in die Fülle dessen einzutreten, zu dem wir geschaffen wurden. Entweder werden wir die größte Bewegung Gottes in der gesamten aufgezeichneten Geschichte bezeugen können und daran Teil haben oder dort bleiben, wo wir sind - auf der Ersatzbank, als Zuschauer bei dieser letzten Ernte. Die Entscheidung, ob Du Teilnehmer oder Zuschauer sein willst, liegt bei Dir.

# 9

# Verwandlung

**Und er sprach zu ihnen: Wahrlich, ich sage euch: Es sind einige von denen, die hier stehen, die den Tod nicht schmecken werden, bis sie das Reich Gottes in Kraft haben kommen sehen. Und NACH SECHS TAGEN nimmt Jesus Petrus und Jakobus und Johannes mit und führt sie für sich allein auf einen hohen Berg. Und er wurde vor ihnen umgestaltet; und seine Kleider wurden glänzend, sehr weiß, so wie kein Walker auf der Erde weiß machen kann. Und es erschien ihnen Elia mit Mose, und sie unterredeten sich mit Jesus. Und Petrus begann und sagte zu Jesus: Rabbi, es ist gut, dass wir hier sind; und wir wollen drei Hütten machen, dir eine und Mose eine und Elia eine. Er wusste nämlich nicht, was er sagen sollte, denn sie waren voller Furcht. Und es kam eine Wolke, die sie überschattete; und eine Stimme kam aus der Wolke: Dieser ist mein geliebter Sohn, ihn hört!**

Markus 9:1-7

Jesus sagte zu Seinen Jüngern, dass einige von ihnen den Tod nicht schmecken würden, bis sie das Königreich Gottes in Kraft kommen gesehen hätten. Dann, *nach sechs Tagen*, nahm Er drei von ihnen mit sich auf einen hohen Berg. Nach dem sechsten Tag folgt der siebte Tag. An diesem siebten Tag wird es einige geben, welche das Königreich Gottes in Kraft kommen sehen werden. Was meinte Jesus genau damit, als Er ihnen mitteilte, sie würden das Königreich Gottes in Kraft kommen sehen? Vers 2 von Markus 9 gibt uns darüber Aufschluss. Das hier gebrauchte Wort *umgestaltet* wird ebenfalls in Hebräer 11:5 benutzt: *„Durch Glauben wurde Henoch entrückt.“*

Der besondere Aspekt des an diesem siebten Tag in Kraft kommenden Königreiches Gottes ist die Verwandlung des Leibes Christi – wenn dieses Sterbliche Unsterblichkeit anziehen wird! Der Tod wird weggetan werden, und so wie Henoch werden wir mit Ihm entrückt werden, um in der Gegenwart des Herrn zu leben!

**Und seine Kleider wurden glänzend, sehr weiß, so wie kein Walker auf der Erde weiß machen kann. Und es erschien ihnen Elia mit Mose, und sie unterredeten sich mit Jesus.** Markus 9:3-4

Es gibt viele verschiedene Facetten der Offenbarung in diesen zwei Versen. Erstens sind wir der Leib Christi, und Jesus sagte: *„Die Werke, die ich tue, könnt Ihr ebenfalls tun"* (siehe Johannes 14:12). (Dies in Verbindung mit dieser Schriftstelle reicht bereits aus, um uns zu begeistern und unserem Glauben auf die Sprünge zu helfen!) Jesus stieg auf einen hohen Berg und begann, mit dem Himmel auf eine Art zu kommunizieren, die nie zuvor gesehen oder gehört worden war. Die Herrlichkeit Gottes bedeckte Ihn derart, dass Er diese Herrlichkeit ausstrahlte und buchstäblich von Angesicht zu Angesicht mit Elia und Mose sprechen konnte. Wir wissen, dass Mose ein ähnliches Erlebnis hatte, wobei er sich niemals so wie Jesus mit einem der alten Glaubensväter unterredete.

## Die dünnen Orte

Lass es mich noch einmal anbringen: Im keltischen Christentum gab es vor vier- oder fünf Jahrhunderten bestimmte Orte, die sie für die Fürbitte benutzten. Sie verbrachten Tage, Wochen, Monate und sogar Jahre in der Fürbitte und der Anbetung Gottes. Dies taten sie so beständig, dass die Orte, an denen sie sich trafen, so von der Atmosphäre des Himmels durchdrungen waren, dass diese zu einem Portal wurden, einer Öffnung in den Himmel. Sie nannten jene Plätze „dünne Orte“, denn die Struktur der Realität war so dünn, dass sie fast augenblicklich in den geistlichen Raum hinein gelangen konnten. Genauso kann Dein Leben ein beständiger *dünner Ort* sein. Erinnerst Du Dich an das Gesetz der ersten Erwähnung? Es besagt: Wird etwas zum ersten Mal in der Bibel erwähnt, kann ab diesem Zeitpunkt jede folgende Erwähnung des selben Themas durch die erste Erwähnung erklärt werden.

In 1. Mose 28:10-19 lesen wir die Geschichte über Jakobs Reise von Beerscheba aus. Währenddessen übernachtete er und legte einen Stein unter seinen Kopf, bevor er einschlief (Bei meinen Reisen habe ich oftmals im Hotel *Rock-for-a-Pillow* übernachtet!) In der Nacht träumte er, der Herr würde mit ihm sprechen, und er sah die Engel Gottes auf einer Leiter auf- und absteigen, die von der Erde bis in den Himmel reichte. Als er am Morgen von seiner Begegnung mit Gott erwachte, machte er eine Aussage, die eine erste Erwähnung in der Bibel ist:

**Da erwachte Jakob aus seinem Schlaf und sagte: Fürwahr, der HERR ist an dieser Stätte, und ich habe es nicht erkannt! Und er fürchtete sich und sagte: Wie furchtbar ist diese Stätte! Dies ist nichts anderes als das Haus Gottes und dies die Pforte des Himmels.** 1. Mose 28:16+17

## Gespräche im Jenseits

*Dies ist nichts anderes als das Haus Gottes und dies die Pforte des Himmels* (1. Mose 28:17). Nach 1. Korinther 6:19 bist Du der Tempel Gottes! Als Haus oder Tempel Gottes solltest Du entsprechend des Gesetzes der ersten Erwähnung beständig unter einem offenen Himmel leben. Du bist ein „Tor“ des Himmels. Kein Gläubiger sollte schockiert darüber sein, dass wir mit dem Herrn von Angesicht zu Angesicht sprechen und die Engel Gottes vom Himmel auf- und absteigen sehen. *Dies* entspricht einem normalen Christentum! Du solltest ein lebendiges, atmendes und mobiles Beispiel eines wahren *dünnen Ortes* sein.

Wir müssen *Totenbefragung* im Licht dieser Passage in Markus 9 neu definieren. Jesus unterhielt sich mit Elia und Mose, die bereits beide zum Herrn gegangen waren. Häufig wird *Totenbefragung* einfach nur als eine *Kommunikation mit Personen aus dem Jenseits* definiert; wäre dies zutreffend, hätte Jesus sich dieser Sünde schuldig gemacht. Totenbefragung ist „Zauberei oder Hexerei im Allgemeinen" oder „der Versuch mit den Geistern der Toten zu sprechen, um die Zukunft vorherzusagen oder zu beeinflussen" (Encarta Dictionary).[12]

Wir wissen, dass Jesus weder Zauberei betrieb noch versuchte, mit den Geistern der Toten zu kommunizieren, um die Zukunft vorherzusagen. Er sprach mit jenen, die aus diesem irdischen Leben ins ewige Leben eingegangen waren – sie gingen vom Leben ins *Leben.* Nur die, welche *nicht* im Bund mit dem Herrn und wiedergeboren sind, gehen vom Leben in den ewigen Tod. Mit Heiligen, die beim Herrn sind, in Kontakt zu sein, steht der Schrift nicht entgegen; der Versuch der Kontaktaufnahme aus eigenem Willensentschluss allerdings sehr wohl.

Verlässt Du diese Erde als Gläubiger, gehst Du nicht vom Leben in den Tod; Du gehst von einem Leben in das andere. In Matthäus 8:21 kam ein junger Mann zu Jesus und sagte: „Herr, lass mich zuerst gehen und meinen Vater begraben." Jesus entgegnete: „Nein, lass die Toten die Toten begraben." *Verlass die Toten, damit sie ihre eigenen Toten begraben* (siehe Matthäus 8:22). Die geistlich Toten sind immer schnell dabei, die körperlich Toten zu beerdigen, während unsere eigentliche Pflicht ist, bei Jesus zu sein. Johannes Chrysostomos sagte, während es eine gute Tat sei, die Toten zu begraben, wäre es eine bessere, Christus zu predigen.[13]

---

12 Encarta Dictionary, s.v. necromancy

13 A. T. Robertson, "Chrysostom," *Word Pictures in the New Testament* (Nashville,TN: B&H Publishing Group).

## Der Tag der Umgestaltung

Die Gemeinde im Himmel und die Gemeinde auf der Erde sind eins. Markus 9:3 sagt: *„Und seine Kleider wurden glänzend."* Erinnere Dich daran, die Salbung von Paulus war so gewaltig, dass er die von ihm auf seinem Körper getragenen Tücher nahm, diese weitergab und Menschen wurden durch die Berührung geheilt. Dieses habe auch ich auf Fidschi persönlich erlebt. Bevor Reshma und ich heirateten, nahm ich an einer Konferenz in Suva teil und übernachtete in dem hübschen Haus einer Familie, deren Kinder alle die Windpocken hatten. Ich hatte mir eine Erkältung zugezogen und litt die ganze Woche unter Fieber, predigte aber weiter. Ich wusste, die Salbung würde das Joch dieses Bronchialkatarrhs zerstören. Ich blieb dabei, jeden Abend zu dienen, aber ich war erschöpft. Das Fieber war so schlimm, dass ich die ganze Nacht über im Bett schwitzte. An dem Tag meiner Abreise nahm die Mutter ihre vier Kinder, trug sie in das Bett, in dem ich geschlafen hatte, wickelte sie in die Bettwäsche, und augenblicklich wurden sie geheilt.

Am siebten Tag gelangen wir an einen Ort der Verwandlung und Versetzung. Die beste Beschreibung für dieses Wort ist buchstäblich *Entrückung*. Ich meine damit nicht die Entrückung mit den Wolken, sondern von Gott so eingenommen und umgeben zu sein, dass sogar die Bekleidung, unser Körper, einfach alles an uns die Herrlichkeit des Herrn in solch einem Ausmaß ausstrahlt, dass es die Menschen sehen können. – In der Geschichte der Verklärung war Petrus von dem, was er sah, so angetan, dass er sagte:

> **Rabbi, es ist gut, dass wir hier sind; und wir wollen drei Hütten machen, dir eine und Mose eine und Elia eine.** Markus 9:5

Wir werden Zeugen davon sein, wie am siebten Tag übernatürliche Offenbarungserkenntnis zur Gemeinde kommt. Ebenso wie Petrus durch den Geist wusste, mit wem Jesus sprach, werden wir durch göttliche Eingebung wissen und erkennen, was kein Mann und keine Frau zuvor erfahren oder gehört hat. Unser Verstand wird erhellt sein.

**Und es kam eine Wolke, die sie überschattete; und eine Stimme kam aus der Wolke. Dieser ist mein geliebter Sohn, ihn hört.** Markus 9:7

Es ist der siebte Tag! Gott der Vater sagt: „Du bist mein geliebter Sohn. Welt, hör auf ihn!“ Wir befinden uns in einer Zeit, wo der Leib Christi zur Fülle der Erkenntnis Gottes und in das Erkennen nach Gottes Weise gelangt! Wir werden in *allen* Dingen zu Ihm aufwachsen! Er sagte, Er wird alles vollenden, was Er begann, sowohl in uns als auch in der Welt! Der Abschluss der Angelegenheit steht bevor. Jede Verheißung wird erfüllt sein! Wir sind ein nach Seinem Namen benanntes Volk, und es werden Heldentaten in Seinem Namen vollführt werden, welche alle Vorstellung übertreffen! Wir werden so sehr in Gott versunken sein, dass wir wie Gott aussehen, wie Gott handeln und wie Gott sprechen werden. Wir werden dort hineinwachsen, alles das zu sein, von dem Er gesprochen hat. Das Herz des Vaters sagt: „Schaut auf sie; dies sind meine Geliebten.“

Markus 9:15 sagt:

**Und sobald die ganze Volksmenge ihn sah, erstaunte sie sehr; und sie liefen herbei und begrüßten ihn.**

Warum waren sie überrascht? Die Herrlichkeit Gottes strahlte so von Ihm aus, dass sie völlig erstaunt waren. Niemals zuvor hatten sie dergleichen gesehen!

Gemeinde, wir werden eine Gipfel-Erfahrung mit Gott haben, die uns verwandeln und in Einklang mit dem bringen wird, den wir lieben und der uns liebt. Menschen werden uns ansehen und erstaunt sein. Warum? Sie werden Jesus in uns und auf uns sehen. Wir werden „anders" sein als jetzt, denn das Verlangen und Begehren in unseren Herzen wird zur Erfüllung kommen.

**Und sie gingen nach Kapernaum hinein. Und sogleich ging er am Sabbat in die Synagoge und lehrte. Und sie erstaunten sehr über seine Lehre; denn er lehrte sie wie einer, der Vollmacht hat, und nicht wie die Schriftgelehrten. Und sogleich war in ihrer Synagoge ein Mensch mit einem unreinen Geist; und er schrie auf und sagte: Was haben wir mit dir zu schaffen, Jesus, Nazarener? Bist du gekommen, uns zu verderben? Ich kenne dich, wer du bist: der Heilige Gottes. Und Jesus bedrohte ihn und sprach: Verstumme und fahre aus von ihm! Und der unreine Geist zerrte ihn und rief mit lauter Stimme und fuhr von ihm aus. Und sie entsetzten sich alle, so dass sie sich untereinander befragten und sagten: Was ist dies? Eine neue Lehre mit Vollmacht? Und den unreinen Geistern gebietet er, und sie gehorchen ihm. Und die Kunde von ihm ging sogleich hinaus überall in die ganze Umgebung Galiläas.** Markus 1:21-28

Markus 1:21 besagt: „*Und sie gehen nach Kapernaum hinein. Und sogleich (am siebten Tag) ging er am Sabbat in die Synagoge und lehrte.*" Früh am Morgen des siebten Tages, sobald der Tag begonnen hat, wird Gott in unser Leben eintreten, in unsere Herzen, in Seinen Tempel – auf neue und mächtige Weise –, und Er wird uns persönlich lehren und freisetzen. Wie wird Er das tun? Durch Sein Wort, gesalbtes Predigen und Lehren, Träume, Visionen und Heimsuchungen. Am Sabbat wird Jesus sogleich mit der Menschheit in Verbindung treten, insbesondere mit Seiner Gemeinde – denn jetzt wirst Du zu alldem, was Er über Dich ausgesagt hat.

Jesus, der das Wort ist, kommt zu Seinem Tempel, zu unseren Herzen, in einer einzigartigen und tiefgehenden Weise! Mit anderen Worten: Er öffnet Sein Wort und gibt uns Offenbarung und Einsicht, wie wir sie nie zuvor hatten, und wir werden *inniglich* mit Ihm vertraut sein. Wir werden nicht nur etwas *über* Ihn wissen, sondern Ihn kennen! Unsere Herzen, unser Charakter werden so mit Ihm verschmolzen sein, dass das Verlangen Seines Herzens in unserem Geist, wie der lauteste Befehl widerklingt. Wir werden so untrennbar sein, dass Menschen denken, wir wären Zwillinge! Dies ist die Bedeutung des Wortes *kennen.*

## Ein Fluss der Offenbarung

**Und sie erstaunten sehr über Seine Lehre.** Markus 1:22

Jedes Mal bin ich wieder sehr erstaunt, wenn ich Gottes Wort öffne, denn es scheint, als gäbe es von dort einen augenblicklichen Download von Offenbarungen. Vor ein paar Jahren verbrachten Reshma und ich einige Zeit mit Pastor John Rodham von der *Saint Luke's Episcopal* in Ballard, Washington. Dies ist die ehemalige Gemeinde von Pastor Dennis Bennett, der als einer der Väter der *Charismatischen Bewegung* angesehen wird, die in den späten 1960ern Jahren begann.

Pastor John fragte uns: „Seid ihr jemals in dem alten Kirchenraum gewesen, wo Dennis Bennett diente?"

Wir entgegneten: „Nein, dort waren wir noch nie."

John sagte: „Dann geht geradewegs hinein und stellt euch an den Altar."

Das taten wir, standen am Altar und schauten diese wunderschönen bunten Fenster hinter der Kanzel an.

John sagte: „Ihr Leute seid anders; jede Person, der ich aufgetragen habe, dies zu tun, ist dort hinauf gegangen, hat sich umgeschaut und in diese Richtung geschaut (zu den Kirchenbänken)."

Dann prophezeite er: „Ich sehe euch am Fluss der Offenbarung. Am Ufer dieses Flusses tollt ihr wie Kinder fröhlich herum, spritzt euch gegenseitig nass und manchmal springt ihr hinein. Der Herr sagt, ihr werdet dort leben und alles, was ihr für das Königreich tun werdet, wird von den Ufern des Flusses der Offenbarung kommen." Natürlich nahmen wir uns dies zu Herzen und stellten uns auf diese prophetische Verheißung.

Etwa zwei Jahre später an Rosch ha-Schana erfuhr ich eine Heimsuchung vom Herrn, und Jesus übergab mir ein Buch. Ich sagte: „Herr, was ist das für ein Buch?" Ich hatte dieses Buch in meinem Geist zuvor seit neun Monaten immer wieder gesehen, sowohl während ich wach war, als auch während ich schlief.

Er sagte: „Dies ist das *Buch der Geheimnisse;* Offenbarung, die für das Ende der Zeit bewahrt wurde." Weiter sagte Er: „Dies setze ich für meinen Leib zu dieser Fülle der Zeit frei."

Meine Gedanken wanderten sofort zurück zu der Prophetie, die ich von Pastor John einige Jahre zuvor bekommen hatte. Ich dachte: „Das mir überreichte Buch heißt das *Buch der Geheimnisse*, und es gibt einen Fluss, der *Fluss der Offenbarung* genannt wird, an dem wir leben werden. Herr, was genau willst Du uns damit sagen?"

Etwa drei Wochen nach dieser Begegnung dienten wir in Malaysia. Eine mit uns befreundete Prophetin hatte einen Abend dienstfrei und kam in unseren Gottesdienst. Im Anschluss daran sagte sie mir während des Abendessens: „Dies ist wirklich seltsam; ich muss es dir erzählen. Heute Abend sah ich einen Engel neben dir stehen, und ich wusste, dieser ist dir jetzt für dein Leben zugeordnet worden. Gott sagt dazu: Dies ist der Engel, der Johannes auf den Berg brachte, welcher das neue Jerusalem überragt. Es ist der Engel der Offenbarung. Ergibt das Sinn für dich?"

Ich sagte: „Ja, natürlich!"

Jetzt verstand ich, worüber der Herr gesprochen hatte. Ich möchte euch etwas erklären, das für uns alle in dieser Zeit bedeutend ist. Als meine Heimsuchungen zu Rosch ha-Schana begannen, war das Erste, was der Herr mir sagte, dass diese Erfahrungen nicht mir galten; sie verwiesen auf diese Generation und sprächen prophetisch von ihr. Diese Erfahrungen würden mir gewährt, damit ich sie so vielen Menschen wie möglich zukommen ließe, zu deren Ermutigung.

Es geht um *Dich!* Du wurdest dazu berufen, an diesem Fluss der Offenbarung zu leben. Dir wurde ein Buch ausgehändigt – mit Offenbarungen für diesen Tag. Wir alle haben Zugang zu diesen prophetischen Verheißungen, denn der Herr sagte, sie seien für diese Generation.

Es geht nicht um *mich!* Schon vor Jahren gewöhnte mir der Herr diese Mentalität ab. Spricht Er zu mir, spricht Er zu vielen. Setzt Er etwas für einen frei, tut Er es gleichzeitig für viele. Er gibt Seinen Kindern in dieser Generation tiefgreifende Einsicht und Offenbarung.

## Das Hochzeitsfest

Im Johannes-Evangelium, Kapitel 2, lesen wir von einem Hochzeitsfest in Kana, welches *am dritten Tag* stattfindet.[14] Zum Ende der Geschichte gibt es neuen Wein; der beste Wein ist für jetzt reserviert worden. Wann ist jetzt? An *diesem* dritten und siebten Tag. Was ist der Wein? *Offenbarung!*

Mein Vater und ich diskutierten oft über Gemeinden, die für Einheit unter sich und mit anderen beten. Ich habe diese Schlussfolgerung gezogen: Wir müssen damit aufhören, für Einheit zu beten und beginnen, um eine Offenbarung Jesu für Sein Volk

14 Siehe dazu mein erstes Buch: Promise of the Third Day

zu bitten. Jesus ist der große Versöhner. Wir können weiterhin Programme anwenden, die irgendeinen Erfolg aufweisen mögen. Aber diese werden niemals eine dauerhafte Einheit schaffen, denn Menschen haben weiterhin fleischliche Ziele und Wünsche für ihr Leben.

Erhält man eine Offenbarung von Jesus und steht in der Gegenwart des lebendigen Gottes, verblassen im Lichte Seiner Herrlichkeit alle menschlichen Versuche und Bestrebungen zur Belanglosigkeit. Selbstsüchtige Ziele vergehen. Die Liebe Gottes wird in unser Herz ausgegossen, und wir entdecken, dass es bei Einheit vordringlich um eine Beziehung zu Gott geht, die sich auf unsere tägliche Verbindung mit jedem anderen auswirkt.

An diesem siebten Tag vermittelt der Herr Seiner Gemeinde Offenbarung, Einsicht und Verständnis, um uns zum Vorzeigemodell von übernatürlicher Einheit zu gestalten, gegründet auf der Liebe Gottes für unsere Brüder und Schwestern. Diese Einheit wird keine menschlichen Versuche durch Programme oder Binsenweisheiten aufweisen, um dem Wort zu entsprechen, sondern es wird ein übernatürliches Werk der Gnade am Ende der Zeit sein. Wir werden *ein neuer* Mensch in Christus sein!

**Und sogleich war in ihrer Synagoge ein Mensch mit einem unreinen Geist; und er schrie auf ...** Markus 1:23

Das ist befreiend. Wenn Du es Dir ins Gedächtnis zurückrufst: in 2. Korinther 6:19 werden wir als Tempel Gottes benannt. Das Bild für den siebten Tag, das wir der Schriftstelle aus Markus 1:23 entnehmen ist folgendes: bei uns allen hat es Zeiten der Gebundenheit gegeben, in denen wir von hartnäckigen Sünden umgarnt wurden, die unsere Leben zu beherrschen schienen. Manche haben für Freisetzung gefastet und gebetet, andere haben die Seelsorge aufgesucht; einige haben Gebet von einem Heilungs- und Befreiungsdienst erhalten – und trotzdem gab es immer noch Zeiten, in denen all das oben Genannte nicht zu wirken schien.

An *diesem* siebten Tag wird Jesus selbst, ungebeten und manchmal nicht einmal erwartet, die Synagoge (den Tempel) aufsuchen, eine Befreiung einleiten und Freisetzung von der Gebundenheit bewirken, die Sein Volk davon abgehalten hat, vollständig zu sein. Wenn der König der Herrlichkeit kommt, wird Er alles beim Namen nennen, was uns gefangen gehalten hat. Wir werden frei sein, reife Söhne Gottes zu werden, zu denen Er uns berufen hat.

**Was haben wir mit dir zu schaffen, Jesus, Nazarener? Bist du gekommen, uns zu verderben? Ich kenne dich, wer du bist: der Heilige Gottes.** Markus 1:24

Unser innerer Mensch wird die Heiligkeit Gottes bezeugen und erkennen. Was diesem Geist der Heiligkeit entgegensteht, mag laut schreiend ausfahren, aber es *wird* den Tempel aufgeben. Es ist an der Zeit, von den Fallstricken des Teufels befreit zu werden, wenn wir das prophetische Mandat erfüllen wollen, das vor Grundlegung der Welt von Gott dem Vater bestimmt wurde. Wir werden eine Gemeinde ohne Flecken und Runzeln sein und bei Seinem Kommen, wird Er uns vorbereitet vorfinden.

Oftmals sage ich scherzhaft, dass es etwas Bestimmtes gibt, was schneller als Lichtgeschwindigkeit ist: Finsternis. Wenn das Licht herbeikommt, flieht die Finsternis schneller, als das Licht eintrifft. Die uns umstrickende Finsternis wird durch die in uns freigesetzte Herrlichkeit Gottes übernatürlich ausgelöscht. Das ist der Anfang unserer Erfahrung auf dem Berg der Verklärung.

**Und die Kunde von ihm ging sogleich hinaus überall in die ganze Umgebung …** Markus 1:28

## Kraft, Platzierung und Vorbereitung

Alles, was Gott tut, oder Dir an diesem siebten Tag zu tun aufgibt, wird auf Ihn verweisen. Ereignet sich etwas Übernatürliches oder Ehrfurchtgebietendes in der Gemeinde, wird aber dennoch dabei auf einen Menschen gezeigt, dann lauf so schnell wie möglich davon. Die Zeit der Selbstverherrlichung und des Errichtens unseres eigenen Königreiches (unseres Dienstes) ist vorbei. Wir sollen Ihm die Ehre geben. Alles andere ist Götzendienst.

**Und alsbald sie aus der Synagoge hinausgingen, kamen sie mit Jakobus und Johannes in das Haus Simons und Andreas. Die Schwiegermutter Simons aber lag fieberkrank darnieder; und sofort sagen sie ihm von ihr. Und er trat hinzu, ergriff ihre Hand und richtete sie auf; und das Fieber verließ sie; und sie diente ihnen.** Markus 1:29-31

Simons Schwiegermutter lag fieberkrank danieder. Als Erstes erzählte man Jesus von ihr, und Jesus suchte sie sofort auf, ergriff ihre Hand und richtete sie auf. In der Bibel kommt Händen eine große Bedeutung zu. Der Begriff *Hand* kann verbunden werden mit: Kraftvoller Hand, Platzierung innerhalb von Grenzen und Vorbereitung auf den Dienst, sowie Hilfeleistungen. Deshalb können wir ein erstaunliches Bild von Kraft, Platzierung und Vorbereitung entdecken, als Jesus sie bei der Hand ergriff.

*Kraft:* Als Jesus Seine Hand in ihre Hand legte, wurde Kraft freigesetzt, die sie von der Krankheit befreite, welche sie leistungsunfähig gemacht hatte.

*Platzierung:* Indem Jesus sie aufrichtete, platzierte Er sie für die ihr von Gott gegebenen Gabe.

*Vorbereitung:* Als sie jetzt geheilt und positioniert war, war sie dafür vorbereitet, ihren Dienst der Bedienung ihrer Gäste zu verrichten.

Genauso wie Jesus Petrus‘ Schwiegermutter am Sabbat (dem siebten Tag) heilte, sucht Er viele Menschen in Seinem Bundesvolk auf, setzt Kraft zu ihrer Wiederherstellung frei und platziert sie in den Reihen Seiner Endzeitarmee. Auf Sein Machtwort hin sind wir dann für den Dienst vorbereitet, denn wir sind geheilt und bereit.

Du kannst erkennen, es war Petrus‘ Fürbitte, die Jesus auf seine Schwiegermutter aufmerksam machte. Fürbitte zugunsten jener, die nicht in ihrem vollen Potential im Leib Christi wirken können, wird heute eine Effektivität aufweisen, die ohnegleichen ist.

Markus 1:22 sagt:

> **Und sie erstaunten sehr über seine Lehre; denn er lehrte sie wie einer, der Vollmacht hat, und nicht wie die Schriftgelehrten.**

Jesus sprach aus einer Position der Beziehung zum Vater, während die Aussagen der Schriftgelehrten und Pharisäer von einem interpretierenden Standpunkt aus kamen, der auf ihrer begrenzten Fähigkeit des Verständnisses der Thora basierte. Aufgrund Seiner Beziehung zum Vater sprach Jesus die Wahrheit, während korrupte, ausweichende und debattierende religiöse Geister die Predigten der Schriftgelehrten und Pharisäer auszeichneten. Freunde, wir sind nicht hier, um Fleisch zu besänftigen. Wir sind hier, um das Fleisch zu kreuzigen, das Fleisch bloßzustellen und Gott zu verherrlichen. Versuchen wir, das Fleisch zu beschwichtigen, sind wir nicht von Gott gesandt.

Wir müssen uns einer Abgrenzungslinie zwischen Wahrheit und Irrtum, Gut und Böse, Richtig und Falsch bewusst sein. Auch können wir nicht in Heiligkeit, Reinheit und der Furcht Gottes wandeln und uns immer noch von fleischlichen Haltungen und Motivationen leiten lassen. Ebenso können wir nicht mit Gott gehen und ein Freund der Welt sein. Heiligkeit bedeutet eine

Trennung von fleischlichen, sinnlichen Wünschen. Wir können uns keinen Kompromiss für wahre Heiligkeit erlauben, und es kann keine Vermischung geben. Für das Ende der Zeit wird vor dieser Vermischung gewarnt, die charakteristisch für diejenigen ist, die lauwarm sind.

Jesus präsentierte Themen von großer Bedeutung: Angelegenheiten des Lebens, des Todes und der Ewigkeit, aber das religiöse System Seiner Zeit verschwendete die Zeit oftmals mit Belanglosigkeiten. Schon vor langer Zeit habe ich gelernt, es ist nicht wichtig, Dir *nur* eine biblische Botschaft zu predigen, wenn dies nicht dazu führt, dass Du mehr so wie Er sein willst. Worum geht es denn dabei? Was ich mich beständig frage, ist Folgendes: „Was tue ich, um Christus in denen aufzubauen, denen ich diene?" Meine Leidenschaft besteht darin, Dich in das überwindende Kind Gottes zu verwandeln, zu dem Du berufen bist. Leere Plattitüden und kraftlose Botschaften können das nicht tun. Ich möchte sehen, wie Christus in uns Gestalt annimmt. Wenn ich das nicht tue, kann ich genauso gut nach Hause gehen und Fernsehen schauen.

## Das Herz konfrontieren

Jesus kam immer zum Herzen einer Angelegenheit, indem Er sich mit Herzenshaltungen auseinandersetzte. Er sagte zu den Religiösen, zu den Pharisäern:

> **Wehe aber euch, Schriftgelehrte und Pharisäer, Heuchler! Denn ihr verschließt das Reich der Himmel vor den Menschen; denn ihr geht nicht hinein, und die, die hineingehen wollen, lasst ihr auch nicht hineingehen.** Matthäus 23:13

Heute gibt es das gleiche von den Pharisäern gepredigte Evangelium, und es wird in der ganzen Welt in verschiedenen Konfessionen und christlichen Ausbildungsstätten verkündigt.

Jesus sprach als Liebhaber der menschlichen Seelen, als einer, der sich um das ewige Wohlergehen Seiner Zuhörer kümmerte, und Er verwies diese stets auf den Vater und dessen Liebe. Der Kontrast zwischen dem Evangelium des Königreiches, das Jesus verkündigte, und der Botschaft eines religiösen Systems ohne Kraft ist klar erkennbar; in Schriftstellen wie Markus 12:38-39 wird uns gesagt:

**Hütet euch vor den Schriftgelehrten, die in langen Gewändern einhergehen wollen und die Begrüßungen auf den Märkten und die ersten Sitze in den Synagogen und die ersten Plätze bei den Gastmählern lieben ...**

Wenn Menschen kommen müssen, um Dir zu erzählen, wie wunderbar sie sind oder welch großen Dienst sie haben (zum Beispiel: Stefan Atemberaubend, Evangelist oder inhaltsschwerer Prophet) dann *renne!* Geh nicht, *renne*! Die Frucht eines Christus ähnlichen Charakters fehlt!

Folgendes ist wichtig: Die Schrift hebt besonders hervor, dass Jesus mit Autorität sprach (siehe Markus 1:22), denn Seine Botschaft kam direkt vom Herzen und der Seele des Vaters. Es war Offenbarung, geboren aus der Beziehung. Das religiöse System Seiner Zeit produzierte eher fehlbare Konzepte und Erklärungen der Schrift, als den Herrn kennen zu lernen. Ein Schriftgelehrter studierte die Lehren eines anderen und zitierte letztendlich lediglich nur einen anderen Schriftgelehrten. Sie versuchten, Wasser aus zerbrochenen Zisternen zu ziehen, während Jesus aus Seinem Inneren schöpfte, der Quelle des lebendigen Wassers. Als die Kinder Israels in der Wüste waren, sammelten sie sechs Tage lang Manna auf, aber am siebten Tag war ihnen das Sammeln *nicht* gestattet. Du brauchst an jedem einzelnen Tag frisches Manna. Ich kann nicht von der gestrigen Offenbarung leben. Ich will das nicht einmal. Ich liebe sie, aber ich will mehr. Je mehr Er gibt, umso hungriger werde ich und umso weniger scheine ich zu wissen, denn der Herr ist ein so gewaltiges Reservoir an Weisheit, Verständnis, Wissen und Einsicht, dass die Ewigkeit dafür gebraucht werden wird, auch nur anzufangen, Ihn zu entdecken. Die ganze Ewigkeit über werden wir Gott finden; und wehe mir, wenn ich mit dem Manna von gestern, der gestrigen Offenbarung, zufrieden bin. Nein, ich brauche frische Offenbarung für heute, denn dies ist ein neuer Tag.

**Und er kam nach Nazareth, wo er erzogen worden war; und er ging nach seiner Gewohnheit am Sabbattag in die Synagoge und stand auf, um vorzulesen. Und es wurde ihm das Buch des Propheten Jesaja gereicht; und als er das Buch aufgerollt hatte, fand er die Stelle, wo geschrieben war: „Der Geist des Herrn ist auf mir, weil er mich gesalbt hat, Armen gute Botschaft zu verkündigen; er hat mich gesandt, Gefangenen Freiheit auszurufen und Blinden, dass sie wieder sehen, Zerschlagene in Freiheit hinzusenden, auszurufen ein angenehmes Jahr des Herrn." Und als er das Buch zugerollt hatte, gab er es dem Diener zurück und setzte sich; und aller Augen in der Synagoge waren auf ihn gerichtet. Er fing aber an, zu ihnen zu sagen: Heute ist diese Schrift vor euren Ohren erfüllt.** Lukas 4: 16-21

Das Wort lehrt uns, die Werke, die Jesus tat, können wir ebenso tun (siehe Johannes 14:12). Als ich dies zum ersten Mal las, war ich fasziniert und begann, genau zu untersuchen, was diese „Werke", die Jesus tat, beinhalten. Was ich bei meinen Studien fand, hatte ich nie zuvor in einer Lehre oder Predigt gehört. Ich erkannte einige fundamentale Wahrheiten, die vollständig ignoriert oder übersehen wurden, aufgrund der anhaftenden Blindheit derer, die in dieser Kultur aufgewachsen sind und wegen unserer Lebensweise, dass Alles *sofort* sein muss.

Lass mich nur ein paar der grundlegenden „Werke" nennen, die Jesus tat: Er gab alles Ansehen auf, entäußerte sich Seiner göttlichen Gestalt, kam auf die Erde und erniedrigte sich selbst. Er nahm die Gestalt eines Dieners an und für die bevorstehende Freude erlitt Er das Kreuz. Wurde Er verachtet, erwiderte Er dies nicht - nur um Weniges zu nennen. Dies sind die fundamentalen „Werke" Jesu. Wir springen sofort zu den Zeichen, Wundern und Machttaten und wünschen diesem Aspekt Seiner „Werke" nachzueifern, ohne zu verstehen, was in Seinem Leben als Grundlage für das Ausmaß dieser Zeichen, Wunder und Machttaten hinterlegt war.

## Charakter - das feste Fundament

Hier ist noch ein weiterer Schlüssel zu der gelegten Grundlage im Leben von Christus, dem nur wenige Beachtung schenken: Jesus wuchs in Nazareth auf. Der Name *Nazareth* bedeutet „getrennt, gekrönt und geheiligt."[15] 30 Jahre Seines Lebens war Er für Gott abgesondert. Er war geheiligt und lebte ein abgesondertes Leben. Deshalb konnte Er mit Herrlichkeit gekrönt werden - 30 Jahre der Charaktergründung, um Ihn für dreieinhalb Jahre Dienstzeit vorzubereiten. Das bedeutet, dass Er die meiste Zeit Seines Lebens mit Vorbereitung zubrachte, um dann etwa 10 Prozent Seiner irdischen Lebensspanne für den Dienst zu haben. Wir wollen gerne eine 30-jährige Dienstzeit, die nur drei Jahre Vorbereitungszeit bedarf.

Wollen wir wirklich Christus nacheifern, und wirklich „die Werke tun", die Er tat, müssen wir unsere Pläne ganz genau daraufhin neu bewerten, was aus Gottes Sicht wichtig ist. Es sind nicht die Gaben, sondern der Charakter. Gaben sind zeitlich - für dieses Leben; aber der Charakter bleibt ewig!

Beachte im Vers 16 von Lukas 4, dass es Jesu Gewohnheit war, am Sabbat die Synagoge zu betreten. Ich möchte das neu formulieren: Am siebten Tag ist es Jesu Gewohnheit, in den Tempel zu kommen.

---

15 Roswell Hitchcock, *Hitchcock's New and Complete Analysis of the Bible*, Wordsearch 8 software; http://www.wordsearchbible.com.

Wir sind der Tempel, den Jesus an diesem siebten Tag aufsucht. Verstehst Du das? Aus himmlischer Sicht ist Heimsuchung die Norm für den siebten Tag. Ist es dann verwunderlich, dass wir zahllose Zeugnisse von Menschen auf der ganzen Welt hören, die Heimsuchungen von Jesus erleben? Nicht nur das, eines der deutlichsten Kennzeichen, dass Du vom Heiligen Geist auf eine Visitation vorbereitet wurdest, besteht darin, dass der Herr das Verlangen in Dir geboren hat, Ihn von Angesicht zu Angesicht zu erkennen (Er gab Dir dieses Verlangen ins Herz). – Das ist Seine Visitenkarte!

**Treu ist, der euch beruft; er wird es auch tun.** 1. Thessalonicher 5:24

An diesem besonderen Sabbat (dem siebten Tag), tat Jesus etwas, was nirgendwo anders festgehalten wurde: Er stand auf, um zu lesen. Heute steht Jesus in Seinen Leuten auf – im Tempel unserer Körper. An diesem siebten Tag gelangen wir in die Fülle der Erkenntnis Gottes. Dies ist ein Bild für einen Sohn oder eine Tochter Gottes, die zur Reife herangewachsen sind. Es ist das Ende der Zeit, und wir werden bei Seiner Rückkehr vorbereitet und verfügbar sein – da wir Ihm erlauben, uns mit allem, was Er hat, zu füllen.

**Dann begann Er aus dem Buch von Jesaja zu lesen: Der Geist des Herrn ist auf mir ...** Lukas 4:18

Der Heilige Geist ist in Dir, denn während dieser Stunde hast Du ein Vorhaben und eine Bestimmung zu erfüllen.

**... weil er mich gesalbt hat, Armen gute Botschaft zu verkündigen; er hat mich gesandt, Gefangenen Freiheit auszurufen und Blinden, dass sie sehen, Zerschlagene in Freiheit hinzusenden, auszurufen ein angenehmes Jahr des Herrn.** Lukas 4:18+19

## Eine Gott gegebene Bevollmächtigung

Dies ist Deine Bevollmächtigung an diesem Tag. Du hast eine Berufung, ein Ziel und eine Bestimmung; und zur Erfüllung hat Er Dir die benötigten Werkzeuge gegeben. Er sandte den Heiligen Geist, um zu lehren, zu trösten, auszurüsten und jeden von uns zu befähigen. Dank sei Gott, dass an diesem Tag, Jesus der Gesalbte in uns aufstehen wird, um uns zu veranlassen, all das zu werden, zu dem wir berufen sind! Die Ernte *wird* eingesammelt werden. – Schau jetzt auf diesen Schlüssel:

**Und als er das Buch zugerollt hatte, gab er es dem Diener zurück und setzte sich; und aller Augen in der Synagoge waren auf ihn gerichtet.**

Lukas 4:20

An diesem siebten Tag wird Jesus Seinen rechtmäßigen Platz auf dem Thron unseres Herzens einnehmen. Diese Handlung verlangt von uns, dass unser Herz und unser Blick auf Ihn gerichtet sind. Er wird unsere vollkommene Aufmerksamkeit haben, wenn wir schließlich erkennen, dass Er alles ist, worum es geht; Er ist es, nach dem unsere Herzen verlangt haben.

In Lukas 4:21 gibt Jesus eine Erklärung, die in meinem Geist nachklingt:

**Heute ist diese Schrift vor euren Ohren erfüllt.**

Wenn wir Ohren haben, die hören, was der Geist Gottes zu dieser Generation spricht, werden wir die Erfüllung dessen sehen, was Er sagt – denn wir hören von Ihm! Dies ist der Tag der Erfüllung jeder Bundesverheißung, die im gesamten Wort Gottes aufgezeichnet ist. Kannst Du den Klang des Himmels für diese Generation hören? Kannst Du die Verheißung für Dich und Deine Familie vernehmen? Wenn Du es kannst, wird es sich heute erfüllen!

# 10

# Am siebten Tag aufstehen

Jesus kam am siebten Tag in die Synagoge, und Er tat etwas Einzigartiges: Er stand auf! Die Gemeinde dieser Stunde wird zu einem nie zuvor gesehenen neuen Leben aufstehen. Auf schnellstem Wege werden wir zur triumphierenden Gemeinde werden, sowohl in der Tat, wie auch im Wort.

Ich habe stets gebetet: *„Herr, weniger von mir und mehr von Dir."* Siehst Du Dir das Leben von Paulus an, entwickelte er eine ähnliche Haltung. Zu Beginn seines Dienstes war es *ein wenig von mir, ein wenig von Dir, Herr.* Als Seine Beziehung zum Herrn wuchs und Er sowohl seinen großen Mangel als auch des Herrn überreiche Versorgung erfuhr, veränderte sich sein Ton auf *weniger von mir und mehr von Dir, Herr.* Zum Ende seines Lebens hin sehen wir ein ganz anderes Bild: Mit Worten und Taten drückte Paulus aus: *Herr, alles von Dir und nichts von mir.* Seitdem habe ich erfahren, dass ein bisschen niemals ausreicht. Unsere Hingabe zum Herrn muss sein: *Alles* von Dir, Herr, und nichts von mir. Dies ist das Bild, das wir immer wieder erkennen, wenn wir die Bibel bezüglich des siebten Tages studieren. Es ist der Tag, um sich dem Herrn vollständig auszuliefern. Ein Tag ohne Kompromisse – es ist alles oder nichts. Dieser Tag ist zum Ablegen jeder Belastung und jedes Hindernisses, um all das zu werden, was Sein Wort über uns sagt. Es ist ein Tag der Umwandlung.

*Alles von Dir und nichts von mir!* Du bist Glied am Leib Christi. Es ist der siebte Tag: Jesus steht in uns auf, und der Geist des Herrn ist auf uns. Diese Salbung nimmt nicht gerade mal schrittweise zu, sondern sie explodiert in uns, wenn Jesus Seinen rechtmäßigen Platz in unseren Herzen einnimmt.

Als Jesus in der Synagoge das Buch ausgehändigt wurde, stand Er mit all der Stärke und Reife des Sohnes Gottes auf und sprach mit Autorität. Dann schloss Jesus das Buch, gab es dem Diener zurück und setzte sich. Nun ist Er inthronisiert in Deinem Herzen.

## Er soll sich zuhause fühlen

Als ich vor vielen Jahren beim *Trinity Broadcasting Network* (TBN) arbeitete, besuchte mich ein Freund aus dem Ausland für ein Wochenende. Ich sagte: „Hey, ich muss arbeiten, aber fühl dich wie zuhause." Als ich an diesem Abend nach Hause kam, waren alle Lichter ausgeschaltet. Um höflich zu sein, versuchte ich mich leise in mein Zimmer zu schleichen, um ins Bett zu gehen. Das Problem bestand darin, dass ich über meine Möbel stolperte. Das konnte ich nicht verstehen, da ich wusste, wo die Möbel standen – dachte ich jedenfalls. In Verwirrung und wegen des Schmerzes, weil ich mein Schienbein angestoßen hatte, schaltete ich das Licht an und entdeckte, dass mein Freund alles umgestellt hatte.

Ich weckte ihn auf und sagte: „Was hast du bloß getan?" Er sagte: „Du hast gesagt, fühl dich wie zuhause. Ich mochte die Art nicht, wie Du Dich eingerichtet hast!"

Da fiel bei mir der Groschen: Das Gleiche machen wir mit Jesus. Wir sagen: „Herr, komm in mein Herz und sei der Herr meines Lebens, aber rühr nichts an. Und nebenbei gesagt, setz dich nicht in meinen Lieblingssessel."

Wenn Er an diesem siebten Tag Deine Bestimmung für Dich freisetzt und in Dir aufsteht, wird Er auf dem Thron Deines Herzens sitzen, um in Deinem Leben und durch Dein Leben zu regieren.

**Und es geschah, als er am Sabbat in das Haus eines der Obersten der Pharisäer kam, zu essen, dass sie auf ihn lauerten.** Lukas 14:1

## Geistliche Wassersucht in der Gemeinde

Wegen der Stunde der Bestimmung, in der wir uns befinden, und aufgrund der Liebe des Vaters, werden an diesem siebten Tag sogar jene heimgesucht, die in religiösen Denkweisen verhaftet sind. Interessanterweise erwähnt die Schrift oft in Bezug auf die Pharisäer, dass Jesus sie eher in ihren Häusern, als im Tempel aufsuchte. Dieses geschah meines Erachtens, weil im Tempel ihrer Herzen eher Götzen den Thron besetzt hielten, als der Herr.

**Und siehe, ein wassersüchtiger Mensch war vor ihm.** Lukas 14:2

Bei Wassersucht speichert der Körper Wasser in einem lebensbedrohenden Ausmaß. Die Person wird so von der Einbehaltung der Flüssigkeit aufgedunsen, dass dies die natürlichen Funktionen der Körperorgane erstickt und zum Tod führt.

Die meisten heutigen Gemeinden weisen einen Zustand der *geistlichen* Wassersucht auf. Wir wiederholen beständig das Wort, gehen von Gottesdienst zu Gottesdienst, von Konferenz zu Konferenz, gebrauchen das Wort aber überhaupt nicht. Wir scheinen zu denken, der schnellste Weg zur Reife in Christus bestehe darin, uns selbst beständig mit Konferenzen und Gottesdiensten vollzustopfen. Mit dem Denken, dass Menge mit Reife gleichzustellen ist, sind wir betrogen. Die Wahrheit aber ist: Der schnellste Weg, in Christus heranzureifen, ist, alles wegzugeben, was man hat. Dies wird in der Schrift als Zeit von Saat und Ernte erklärt. Möchtest Du eine stärkere Salbung, gib das fort, was Du hast. Säe Gottes Wort beständig in die Leben von anderen und in Dein eigenes Leben hinein. Dann wirst Du im Königreich Gottes vorankommen und zunehmen. Wir sollen nicht horten, sondern freisetzen.

## Heilung am Sabbat

Die Pharisäer waren Gelehrte der Thora, hatten aber das Wort mit weltlichem Streben und weltlichen Zielen vermischt. Sie glaubten, die von ihnen erlassenen und auf ihrem *Verstand* gegründeten Traditionen würden der Thora entsprechen.

> **Und Jesus begann und sprach zu den Gesetzesgelehrten und Pharisäern und sagte: Ist es erlaubt, am Sabbat zu heilen oder nicht?**
>
> Lukas 14:3

Als Jesus die Pharisäer dort traf, wo sie sozusagen lebten, prüfte Er ihre Herzen und Ihr Verständnis vom Wort. Nicht länger stellten sie Ihn auf die Probe. Er stellte jenen, die vorgaben Experten des Wortes zu sein, eine grundlegende Frage, die jeder, der mit dem Herzen des Vaters vertraut war, hätte beantworten können: Ist es rechtmäßig, am Sabbat zu heilen? Aber sie blieben still.

> **Und er fasste ihn an und heilte ihn und entließ ihn.** Lukas 14:4

Was tat Jesus? Er zeigte die Wahrheit aus dem Herzen des Vaters und erwies die Wahrheit von Gottes Wort. Er heilte den Mann. Die Pharisäer waren ungerührt, ohne Buße und begriffen das Wesentliche nicht.

Oftmals habe ich einen Ausdruck gehört, der zu dieser Generation Bände spricht: Der Herr segnet oft, was Er nicht bewohnt. Eine Zeit wird kommen, in der eine angebliche Erweckung ausbrechen wird. Es wird Behauptungen über Wunder, Zeichen und Machttaten geben und Prahlereien über die Bestätigungen Gottes – und die Menschen werden gar nicht bemerken, dass die Gegenwart Gottes nicht in dem wohnt, was sie so hoch halten. Diese falsche Erweckung wird als oberflächliche Fälschung entlarvt werden.

## Erweckung kehrt zum Leib Christi zurück

Als wir frisch errettet waren, hörten wir jeden Sommer von Erweckungsgottesdiensten. Uns allen wurde aufgetragen „dies in unseren Kalendern zu vermerken" und sicherzustellen, bei diesen besonderen Zeiten der Heimsuchung durch den Herrn zugegen zu sein. Das waren keine Erweckungen, sondern ein religiöser Rummel, wo menschlich versucht wurde, Gott zu erreichen; dies wurde dem gleichgesetzt, dass Gott Sein Volk mit Heimsuchung segnen würde. Wahre Erweckung bringt etwas, was einst lebte, von den Toten zurück. Heimsuchung durch den Herrn kann Erweckung beinhalten, aber sie ist weit mehr als das. Es ist eine Invasion des Himmels, die auf die Erde kommt. Es ist die manifestierte Gegenwart des lebendigen Gottes, der in eine geographische Region einzieht, damit Seine Absichten erfüllt werden und Seinem Volk Sein Wesen verliehen wird. – Es ist eine von Gott eingeleitete Begegnung.

Ich glaube, der Herr wird sich nun mit unserem Verständnis von wahrer Erweckung befassen, um zu zeigen, dass Erweckung – anders als wir dachten – stets durch Heimsuchung hervorkommt. Wir stehen davor, den Herrn in solch einem Ausmaß zu erleben, welches wir nicht beschreiben und mit unserem Verstand nicht erfassen werden können. Die manifestierte Gegenwart Gottes wird in verschiedenen Regionen und Versammlungen genau gleichzeitig erfahrbar sein. Wir werden beim Fortschreiten dieses siebten Tages Regionen und Nationen durch Heimsuchungen beeinflusst und dramatisch verändert sehen.

Der Leib Christi wird sich erheben und wieder zum Vorläufer auf der Weltbühne werden. Wir werden nicht länger Gegenstand von Spott und Verhöhnung sein, sondern eine Kraft, die als gute Kraft angesehen wird. Sobald wir beginnen, „unsere Schritte zu beschleunigen", wird die Gemeinde nach Hause geholt, und jene, die hier bleiben, werden ein Beispiel für einen „wahren Christen" gesehen haben, und dann fähig sein, eine fundierte Entscheidung darüber zu treffen, wem sie dienen wollen. Mit diesem Beispiel werden sogar viele den Tod statt das Leben erwählen, denn Gott wird ihnen Zeugen Seiner Wahrhaftigkeit vor Augen gestellt haben.

Am Ende der Zeit wird eine Hungersnot nach dem Wort Gottes bestehen, insbesondere, sobald die Braut Christi nach Hause geführt wurde. Bevor das geschieht, werden wir wissen, was wahre Erweckung und Erwachen sind. Wir werden eine Heimsuchung in der Gemeinde erfahren, die uns dazu drängen wird, zu den äußersten Teilen der Welt zu gehen, um die gute Nachricht des Evangeliums jedem Stamm, jeder Zunge und jeder Nation weiterzugeben. Die Welt wird sich über die Realität Gottes klar werden.

Diese Heimsuchung durch den Herrn wird uns mit einer Entschlossenheit stärken, die Menschenfurcht sowie ein religiöses System, dem es an Kraft mangelt, abzulegen. Die Menschenfurcht war eine Falle, die viele vom Volk des Herrn viel zu lange in Gebundenheit gehalten hat. Entgegen den Traditionen, die von Menschen erlassen wurden, ist der Besuch einer Bibelschule keine Voraussetzung, um Gottes Wort zu predigen. Wäre dies der Fall, würde keiner von uns hier sein. Die Jünger - nicht gebildet und gelehrt - verbrachten Zeit in der Gegenwart dessen, der Wahrheit ist, und ihr Einfluss veränderte die Geschichte. Keiner von ihnen besaß ein Blatt Papier mit einem hübschen Logo darauf. In der Welt der Denominationen gibt es Regeln dafür, welche Schule man besuchen muss. Die Menschen haben sich selbst auf einen Werdegang des Dienstes festgelegt. Die *wahre* Voraussetzung besteht darin, Zeit mit Jesus zu verbringen.

Ich möchte dazu diese Erklärung abgeben: Ich bin *nicht* dagegen, zur Bibelschule zu gehen und für den Dienst zu studieren. Was ich ausdrücken möchte, ist: Wenn wir es ehrlich betrachten, *fordert* die Schrift nicht von uns, eine menschengemachte Institution zu besuchen, um für die Predigt oder die Lehre des Wortes qualifiziert zu sein. Ich habe unzählige Stunden damit verbracht, in Bibelschulen und Seminaren auf der ganzen Welt sowohl zu lernen, als auch zu unterrichten, und ich habe jede Minute davon genossen. Ich bin nicht gegen eine höhere Bildung und gegen ein Studium.

Für das Volk Gottes ist es an der Zeit, sich zu erheben und das zu tun, was Er uns aufgetragen hat. Und während Du dem Missionsbefehl gegenüber gehorsam bist, besuche die Bibelschule, falls Er es Dir aufträgt.

## Erhebe Dich von Deinen Schwächen

> **Danach war ein Fest der Juden, und Jesus ging hinauf nach Jerusalem. Es ist aber in Jerusalem bei dem Schaftor ein Teich, der auf Hebräisch Betesda genannt wird, der fünf Säulenhallen hat. In diesen lag eine Menge Kranker, Blinder, Lahmer und Dürrer. Es war aber ein Mensch dort, der achtunddreißig Jahre mit seiner Krankheit behaftet war. Als Jesus diesen daliegen sah und wusste, dass es schon lange Zeit so mit ihm steht, spricht er zu ihm: Willst du gesund werden? Der Kranke antwortete ihm: Herr, ich habe keinen Menschen, dass er mich, wenn das Wasser bewegt worden ist, in den Teich werfe; während ich aber komme, steigt ein anderer vor mir hinab. Jesus spricht zu ihm: Steh auf, nimm dein Bett auf und geh umher! Und sofort wurde der Mensch gesund und nahm sein Bett auf und ging umher. Es war aber an jenem Tag Sabbat.** Johannes 5:1-9

Diese Schriftstelle über den siebten Tag weist große Bedeutung auf, nicht nur für den Leib Christi, sondern auch für Israel. An diesem siebten Tag wird der Herr Sein Bundesvolk wundersam aufsuchen, und es wird sich von seinem Bett der Schwäche zur Fülle des Lebens erheben. Wenn der Geist des Herrn sich in Israel bewegen wird, werden viele berührt und verwandelt, bevor sie verstehen, dass es ihr Messias war, der sie aufgesucht hatte. Wenn sie aber erkennen, wer Er ist, werden sie Ihm freudig folgen.

Wir müssen einfühlsam sein und konzentriert auf das, was immer der Geist Gottes gerade tut. Wir müssen Liebhaber des Wortes Gottes und Liebhaber des Gottes des Wortes sein. Befinden wir uns im Wort, und Gott beginnt, dieses Wort in unseren Herzen zu bewegen, müssen wir sofort darauf reagieren, so können wir für die gegenwärtige Offenbarung freigesetzt werden.

## Die Zeit der Freisetzung

Wie ich bereits in den vorangegangenen Kapiteln sagte, studiere ich die *Entrückung durch Glauben* seit acht Jahren, und erst kürzlich gab mir der Herr einen erstaunlichen Einblick. Ich habe dies nicht einmal sofort erkannt, sondern erst zwei Monate nach dem Ereignis. Mir wurde in Irland durch einen Bruder ein prophetisches Wort gegeben, geschrieben auf einem kleinen Papierschnipsel. Diesen gab er mir, als ich die Gemeinde betrat, in der wir predigten. Nachdem ich die Nachricht gelesen hatte, legte ich sie beiseite und vergaß sie etwa zwei Monate lang. Erst ein paar Monate später, als ich fastete und das Wort studierte, wurde ich vom Herrn an diese Nachricht erinnert. – Dieses stand auf dem Zettel:

**Und die von dir kommen, werden die uralten Trümmerstätten aufbauen, die Grundmauern vergangener Generationen wirst du aufrichten. Und du wirst genannt werden Vermaurer von Breschen, Wiederhersteller von Straßen zum Wohnen.** Jesaja 58:12

Was hat das jetzt mit Versetzung durch Glauben zu tun? Das Wort *alt* bedeutet „gut verborgener Punkt des Entschwindens, Zeit jenseits des Verstandes.“[16] Der Herr sprach zu meinem Geist

16 James Strong, *Strong's Concordance of the Bible* (Peabody, MA: Hendrickson Publishers, 1996) ref. 5769.

und offenbarte mir, dass wir eine Zeit betreten hätten, diese Art von Wunder freizusetzen.

Genauso, wie wir einst unfähig waren und jemanden brauchten, der „uns zum Wasser führte“, werden wir jetzt im Wasser der Offenbarung eingetaucht, welches uns Heilung und Wiederherstellung für unsere geistlichen Sinne bringt. Dies wird uns befähigen, auf einem Weg zu wandeln, der vormals vor uns verborgen war; ein Ort der *Zeit, jenseits des Verstandes* – ein gut verborgener Punkt des Entschwindens, der uns erlauben wird, im Geist zu wandeln und nicht im Fleisch.

Diese Generation soll diese uralten Wege für die Kinder Gottes neu eröffnen, dann werden wir vollständig sein.

**Jesus spricht zu ihm: Steh auf, nimm dein Bett auf und geh umher! Und sofort wurde der Mensch gesund ...** Johannes 5:8+9

Es ist der siebte Tag. Wir müssen uns bewusst sein, was unser Vater durch Sein Wort tut. Auch müssen wir auf die Bewegung des Wassers des Wortes reagieren. Für jene, die ihre Ohren nicht fein eingestellt haben, um die Stimme des Geistes zu hören, mag dies eine herausfordernde Zeit sein. Der Herr wird uns an diesem Tag fragen, ob wir gewillt sind, unsere Bestimmung zu erfüllen. Wollen wir dem Mandat des Himmels folgen und uns dem Verweis des Vaters ergeben, wenn Er die Welt aus uns aussondert und uns für Seine Absichten heiligt? Dazu müssen wir Seine Stimme hören können und dieser Stimme im Gehorsam antworten.

**Und als er vorüberging, sah er einen Menschen, blind von Geburt. Und seine Jünger fragten ihn und sagten: Rabbi, wer hat gesündigt, dieser oder seine Eltern, dass er blind geboren wurde? Jesus antwortete: Weder dieser hat gesündigt noch seine Eltern, sondern damit die Werke Gottes an ihm offenbart würden. Wir müssen die Werke dessen wirken, der mich gesandt hat, solange es Tag ist; es kommt**

**die Nacht, da niemand wirken kann. Solange ich in der Welt bin, bin ich das Licht der Welt. Als er dies gesagt hatte, spie er auf die Erde und bereitete einen Teig aus dem Speichel und strich den Teig auf seine Augen; und er sprach zu ihm: Geh hin, wasche dich in dem Teich Siloah! - was übersetzt wird: Gesandter. Da ging er hin und wusch sich und kam sehend. Die Nachbarn nun und die, die ihn früher gesehen hatten, dass er ein Bettler war, sprachen: Ist dieser nicht der, der da saß und bettelte? Einige sagten: Er ist es; andere sagten: Nein, sondern er ist ihm ähnlich. Er sagte: Ich bin es. Sie sprachen nun zu ihm: Wie sind denn deine Augen geöffnet worden? Er antwortete: Der Mensch, der Jesus heißt, bereitete einen Teig und salbte meine Augen damit und sprach zu mir: Geh hin nach Siloah und wasche dich! Als ich aber hinging und mich wusch, wurde ich sehend. Da sprachen sie zu ihm: Wo ist jener? Er sagt: Ich weiß es nicht. Sie führen ihn, den einst Blinden, zu den Pharisäern. Es war aber Sabbat, als Jesus den Teig bereitete und seine Augen öffnete.**

**Johannes 9:1-14**

Wir täten gut daran, die erste Lektion, die wir aus Johannes, Kapitel 9, lernen können in unserem eigenen Leben anzuwenden. Als die Jünger den Zustand des blindgeborenen Mannes sahen, fragten sie Jesus vielmehr, was die Ursache seiner Blindheit sei, als eine Schlussfolgerung zu ziehen; dies war Weisheit. Mit anderen Worten: Welche Ursache hat dieser Zustand? Zu oft erlebt man Gläubige, die Symptome verbinden, statt die Krankheit durch die Erforschung der Ursache auszurotten. Wenn wir das tun, säen wir oft Verwirrung, denn die Symptome kehren häufig zurück. Und bei dem Versuch, etwas zu vergeistlichen oder wenigstens unsere hochgeistliche Fassade intakt zu halten, erheben wir den Finger der Schuldzuweisung: „Hättest Du nur genug Glauben gehabt, hättest Du Deine Heilung behalten!"

Ein demütiges Herz wird sich immer eher auf die Weisheit Gottes stützen, als auf fleischliche Vermutung.

Als Jesus einmal die Frage eines Jüngers beantwortete, spuckte Er auf die Erde und bereitete Lehm zu, legte diesen auf die Augen des Mannes und befahl ihm, sich im Teich Siloah zu waschen, was *gesandt* bedeutet (siehe Johannes 9:6-8). Frage: Wie viele von uns sehen regelmäßig in den Bereich des Geistes hinein? Wie viele von uns treffen Jesus immer wieder von Angesicht zu Angesicht? (Ich vergeistliche dies nicht; ich meine es buchstäblich, *siehst* Du Ihn von Angesicht zu Angesicht?) Wenn Du es nicht tust, und Du bist von neuem geboren, bist Du blind geboren. Du bist geistlich blind!

Johannes 3:3 sagt:

**Jesus antwortete und sprach zu ihm: Wahrlich, wahrlich, ich sage dir: Wenn jemand nicht von neuem geboren wird, kann er das Reich Gottes nicht sehen.**

Jesus gab diese Antwort Nikodemus, der in der Nacht zu Ihm kam und Fragen über das Königreich Gottes stellte. Was Jesus sagte, ist erstaunlich! Er sagte Nikodemus, falls Du von neuem geboren bist, kannst Du das Königreich Gottes sehen! Die Qualifikation ist – bist Du von neuem geboren? Wir haben uns selbst begrenzt und an menschengemachten Traditionen und konfessionellen Lehren festgehalten, die der Schrift entgegengesetzt sind. Wessen Wort wirst Du glauben? Gottes Wort oder dem Wort von Männern und Frauen?

Der blind geborene Mann wurde frei von seiner Blindheit, als er dem Befehl Jesu gehorchte: *„Geh und wasch dich im Teich Siloah."* Sind wir im Wasser Seines Wortes als „Gesandte" gewaschen, mit einem Auftrag vom Herrn, unsere Generation für Christus zu erreichen? Ergeben wir uns der Leidenschaft des Herzens unseres Herrn, das Königreich des Himmels auf der Erde freizusetzen und Licht in dieser dunklen und verdrehten Generation zu sein?

Es geschieht im Gehorsam, wenn wir fortfahren, mit unserem Herrn in Seinem Wort Zwiesprache zu halten, dass unsere Augen geöffnet werden und wir klar *sehen* und Ihn als einen Freund *kennen,* von Angesicht zu Angesicht!

Die Werke Gottes werden in Dir offenbar und durch Dich freigesetzt. Als eine abschließende Generation, eine endzeitliche Brautgesellschaft von Gläubigen, sind wir berufen, am „letzten Akt" eines 6.000-jährigen Schauspiels teilzunehmen. Durch die Weisheit Gottes sind wir in dieser Zeit als Teil einer letzten Generation positioniert worden. Früh am Morgen dieses siebten Tages haben wir ein Ziel und eine Bestimmung zu erfüllen. Ein Trompetenstoß wird erklingen und die Worte, *„Es ist vollbracht!"*, werden verkündet. Aber zuvor werden wir umgestaltet und *in Ihm* leben, uns bewegen und unser Sein haben! Wir werden unter dem Schutzdach Seiner Herrlichkeit wohnen und den Himmel auf Erden freisetzen. Die Erfüllung jeder Bundesverheißung wird in dieser Generation bezeugt werden. Wir werden „vollkommen in Ihm" sein, mit unseren eigenen Werken aufhören und Seine Ruhe betreten.

Dies ist der glücklichste Tag in der aufgezeichneten Geschichte, um zu leben. Und unser himmlischer Vater hat *Dich* erwählt, damit Du siehst, wie Sein Wille zustande kommt, und wirst am letzten Sieg teilhaben. An diesem siebten Tag wird für uns ein Reichtum an Offenbarungen freigesetzt. Du hast eine außergewöhnliche Bestimmung in Gott. Der Geist des Herrn hat verkündet: „Dies ist *Deine* Stunde!" Jesus macht uns bereit, um mit Ihm in dieser Welt zu regieren. Er öffnet Sein Wort und Er setzt für diese Generation bemerkenswerte Offenbarung und Einsicht frei, damit das Verlangen unserer Herzen erfüllt wird; wir werden Ihn über alles Erdenken hinaus kennen.

*Vater, ich danke Dir so sehr für Dein Wort. Herr, ich danke Dir, dass wir eine Henoch-Generation sind. Vater, ich bete noch einmal, dass Du in Deinem Volk Offenbarungserkenntnis freisetzt – Einsicht, damit es Deinen Herzensschrei zu dieser Stunde hören und zu all dem werden kann, wovon Du gesprochen hast. Herr, lass Dein Volk anfangen, in Bereichen der Offenbarung zu wandeln, die in ihm eine Innigkeit heranbilden, jenseits all dessen, was es erbitten oder erdenken kann. Ich danke Dir, nach Deinem Wort werden Deine Nachfolger zu reifen Söhnen des lebendigen Gottes, nach denen sich die ganze Schöpfung gesehnt hat. Dies ist unsere schönste Stunde, und ich danke Dir, Herr, für das unfassbare, uns beschiedene Vorrecht, Teilhaber an dieser letzten großen Ernte zu sein und den Abschluss der Verwalterschaft dieser Erde durch den Menschen bezeugen zu können.*

*In Jesu Namen, Amen.*

# Anhang 1

## Verheißungen des siebten Tages

Die Ziffer *Sieben* hat in der Bibel große Bedeutung. Sie ist die Zahl der Ruhe, der erfüllten Bundesverheißung und Vollendung. Auch ist sie das Symbol geistlicher Vervollkommnung, sowohl des Guten, als auch des Bösen.

- Der Sabbat ist der siebte Tag.
- Henoch, der siebte von Adam *„war nicht mehr, denn Gott nahm ihn hinweg"* (1. Mose 5:24).
- Mose war der siebte von Abraham an.
- In 1. Mose 12:2-3 verheißt Gott Abraham siebenfältigen Segen:
    1. *„Ich will dich zu einer großen Nation machen."*
    2. *„Ich will dich segnen."*
    3. *„Ich will deinen Namen groß machen."*
    4. *„Du sollst ein Segen sein."*
    5. *„Ich will segnen, die dich segnen."*
    6. *„Ich will verfluchen, die dich verfluchen."*
    7. *„In dir sollen gesegnet werden alle Geschlechter der Erde."*
- Dem Volk Israel wurde eine siebenfache Verheißung gegeben – In 2. Mose 6:6-8 gewährleistet Gott diese, indem er am Anfang und am Ende erklärt: *„Ich bin der Herr."*
    1. *„Ich werde euch herausführen unter den Lastarbeiten der Ägypter hinweg."*
    2. *„Ich will euch aus ihrer Arbeit retten."*
    3. *„Ich will euch erlösen mit ausgestrecktem Arm und durch große Gerichte."*

4. *„Ich will euch mir zum Volk annehmen.“*
5. *„Ich will euch Gott sein.“*
6. *„Ich will euch in das Land bringen, um dessentwillen ich meine Hand zum Schwur erhoben habe, dass ich es Abraham, Isaak und Jakob geben will.“*
7. *„Ich werde es euch zum Besitz geben.“*

- In 3. Mose 14, wo das Gesetz über den Aussatz erklärt wird, sollte dieser siebenmal besprengt werden (3. Mose 14:7).
- Es gab sieben Feste Jahwes, manche von ihnen dauerten sieben Tage an.
- In 4. Mose 23:29, als der moabitische König Balak Bileam angeworben hatte, um Israel zu verfluchen, ließ dieser sieben Altäre bauen, sieben Stiere und sieben Widder vorbereiten – die Vollendung einer götzendienerischen Anbetung.
- In Josua 6, als das Volk Gottes um Jericho zog, gingen ihm sieben Priester voran, die sieben Trompeten aus Widderhörnern trugen. Am siebten Tag zogen sie auf Befehl Gottes siebenmal um die Stadt.
- Im Buch der Richter gebrauchte Gott sieben „schwache Dinge“, um die Mächtigen zu verwirren – bezeichnend für die geistliche Vollendung von Gottes Werken der Befreiung.
    1. Er gebrauchte einen linkshändigen Mann (Richter 3:21).
    2. Er verwendete einen Ochsenstecken (Richter 3:31).
    3. Er gebrauchte eine Frau (Richter 4:4).
    4. Er bediente sich eines Zeltpflocks (Richter 4:21).
    5. Er benutzte einen Mühlstein (Richter 9:53).
    6. Er verwendete Fackeln und Trompeten (Richter 7:20).
    7. Er machte Gebrauch vom Kinnbacken eines toten Esels (Richter 15:15).
- In 1. Samuel 16:10 werden die sieben Söhne Isais erwähnt.
- In 2. Samuel 21:9 finden wir die sieben Söhne Sauls.
- Matthäus 12:45 bezieht sich auf die sieben noch böseren Geister – ein Bild für das Böse, welches den Gipfel der Bosheit erreicht.

- In Matthäus 18:22 hinterlegt der Herr Jesus Christus das vollkommene Maß der Vergebung – 70 mal Sieben.
- In Markus 16:9 wird über Maria Magdalena gesagt: „*Von der Er sieben Dämonen austrieb*" – was uns den absoluten Höhepunkt von Frevel zeigt.
- In Apostelgeschichte 6:3 lesen wir, dass die Apostel die Jünger anwiesen, sieben Männer zu erwählen „*die einen guten Ruf haben und voll Heiligen Geistes und Weisheit sind*".
- In Apostelgeschichte 13:19 wird berichtet, wie Gott für Sein Volk Israel kämpfte und sieben Nationen im Land Kanaan zerschlug.
- Sieben Briefe wurden den Gemeinden geschrieben und kanonisiert, um vollkommene Anweisung für alle Angelegenheiten in Bezug auf das Leben und der Gottesfurcht zu geben.
- Sieben Briefe an die Gemeinden der Offenbarung geben Einsicht in die Kirchengeschichte.
- Ebenfalls finden wir in der Offenbarung sieben Kerzenleuchter, sieben Sterne, sieben Lampen, sieben Engel und sieben Geister, während sieben Siegel das Buch vollständig sichern und während sieben letzter Plagen „*der Zorn Gottes erfüllt wird*" (siehe Offenbarung 15:1).

Hier ist ein weiteres tiefgehendes Beispiel der Ziffer *Sieben* in der Bibel. Nimm an, Du sollst einen Stammbaum realer Menschen erstellen, aber es gibt verschiedene Bedingungen:

- Die Anzahl der Worte in diesem Stammbaum muss glatt durch sieben teilbar sein (ohne Rest).
- Die Anzahl der Buchstaben muss durch sieben teilbar sein.
- Die Anzahl der Vokale und Konsonanten muss durch sieben teilbar sein.
- Die Anzahl der Worte, die mit einen Vokal beginnen, muss durch sieben teilbar sein.

- Die Anzahl der Worte, die mehr als einmal erscheinen, muss durch sieben teilbar sein.
- Die Anzahl der Worte, die in mehr als nur einer Form erscheinen, muss durch sieben teilbar sein.
- Die Anzahl der Worte, die in nur einer Form erscheinen, muss durch sieben teilbar sein.
- Die Anzahl der Namen im Stammbaum muss durch sieben teilbar sein.
- Die Anzahl der männlichen Namen muss durch sieben teilbar sein.
- Die Anzahl der Generationen im Stammbaum muss durch sieben teilbar sein.

Diese Aufgabe scheint fast unmöglich, aber genauso verhält es sich mit dem Stammbaum von Jesus – dargestellt im Evangelium von Matthäus 1:2-17.

# Anhang 2

# Schriftstellen über den siebten Tag (Sabbat)

Sieben Tage sollt ihr ungesäuertes Brot essen; ja, gleich am ersten Tag sollt ihr den Sauerteig aus euren Häusern wegtun; denn jeder, der Gesäuertes isst, diese Seele soll aus Israel ausgerottet werden - das gilt vom ersten Tag bis zum siebten Tag. Und am ersten Tag sollt ihr eine heilige Versammlung halten und ebenso am siebten Tag eine heilige Versammlung. An diesen Tagen darf keinerlei Arbeit getan werden; nur was von jeder Seele gegessen wird, das allein darf von euch zubereitet werden. So haltet denn das Fest der ungesäuerten Brote! Denn an eben diesem Tag habe ich eure Heerscharen aus dem Land Ägypten herausgeführt. Darum sollt ihr diesen Tag halten als ewige Ordnung für all eure Generationen. Im ersten Monat, am 14. Tag des Monats, am Abend, sollt ihr ungesäuertes Brot essen bis zum 21. Tag des Monats, am Abend. Sieben Tage darf kein Sauerteig in euren Häusern gefunden werden; denn jeder, der Gesäuertes isst, diese Seele soll aus der Gemeinde Israel ausgerottet werden, er sei ein Fremder oder Einheimischer des Landes. Nichts Gesäuertes dürft ihr essen; in all euren Wohnsitzen sollt ihr ungesäuertes Brot essen!

2. Mose 12:15-20

Sieben Tage sollst du ungesäuertes Brot essen, und am siebten Tag ist ein Fest für den HERRN. Während der sieben Tage soll man ungesäuertes Brot essen, und kein gesäuertes Brot soll bei dir gesehen werden, noch soll Sauerteig in all deinen Grenzen bei dir gesehen werden. 2. Mose 13:6+7

Mose sagte: Esst es heute, denn heute ist ein Sabbat für den HERRN! Heute werdet ihr auf dem Feld nichts finden. Sechs Tage sollt ihr es sammeln, aber am siebten Tag ist Sabbat, da gibt es nichts. Aber am siebten Tag geschah es, dass dennoch einige vom Volk hinausgingen, um zu sammeln, doch sie fanden nichts. Da sprach der HERR zu Mose: Wie lange habt ihr euch nun schon geweigert, meine Gebote und Gesetze zu halten! Seht, weil euch der HERR den Sabbat gegeben hat, darum gibt er euch am sechsten Tag Brot für zwei Tage. So bleibe nun jeder von euch daheim, niemand verlasse am siebten Tag seinen Lagerplatz! So ruhte denn das Volk am siebten Tag. 2. Mose 16:25-30

Denke an den Sabbattag, um ihn heilig zu halten. Sechs Tage sollst du arbeiten und all deine Arbeit tun, aber der siebte Tag ist Sabbat für den HERRN, deinen Gott. Du sollst an ihm keinerlei Arbeit tun, du und dein Sohn und deine Tochter, dein Knecht und deine Magd und dein Vieh und der Fremde bei dir, der innerhalb deiner Tore wohnt. Denn in sechs Tagen hat der HERR den Himmel und die Erde gemacht, das Meer und alles, was in ihnen ist, und er ruhte am siebten Tag; darum segnete der HERR den Sabbattag und heiligte ihn. 2. Mose 20:8-11

Sechs Tage sollst du deine Arbeiten verrichten. Aber am siebten Tag sollst du ruhen, damit dein Rind und dein Esel ausruhen und der Sohn deiner Magd und der Fremde Atem schöpfen. 2. Mose 23:12

Und die Herrlichkeit des HERRN ließ sich auf dem Berg Sinai nieder, und die Wolke bedeckte ihn sechs Tage; und am siebten Tag rief er Mose mitten aus der Wolke heraus zu. 2. Mose 24:16

Du aber, rede zu den Söhnen Israel und sage ihnen: Haltet nur ja meine Sabbate! Denn sie sind ein Zeichen zwischen mir und euch für all eure Generationen, damit man erkenne, dass ich, der HERR, es bin, der euch heiligt. Haltet also den Sabbat, denn heilig ist er euch. Wer ihn entweiht, muss getötet werden, ja, jeder, der an ihm eine Arbeit verrichtet, eine solche Seele soll aus der Mitte seiner Völker ausgerottet werden. Sechs Tage soll man seine Arbeit verrichten, aber am siebten Tag ist Sabbat, ein Tag völliger Ruhe, heilig dem HERRN. Jeder, der am Tag des Sabbats eine Arbeit verrichtet, muss getötet werden. So sollen denn die Söhne Israel den Sabbat halten, um den Sabbat in all ihren Generationen zu feiern, als ewigen Bund. Er ist ein Zeichen zwischen mir und den Söhnen Israel für ewig. Denn in sechs Tagen hat der HERR den Himmel und die Erde gemacht, am siebten Tag aber hat er geruht und Atem geschöpft. 2. Mose 31:13-17

Sechs Tage sollst du arbeiten, aber am siebten Tag sollst du ruhen; auch in der Zeit des Pflügens und in der Ernte sollst du ruhen.

2. Mose 34:21

Sechs Tage soll man seine Arbeit verrichten, aber den siebten Tag sollt ihr heilig halten, er sei euch ein ganz feierlicher Sabbat für den HERRN. Jeder, der an ihm eine Arbeit verrichtet, muss getötet werden. Ihr dürft am Sabbattag in all euren Wohnsitzen kein Feuer anzünden. 2. Mose 35:2+3

Sechs Tage soll man Arbeit tun; aber am siebten Tag ist ein ganz feierlicher Sabbat, eine heilige Versammlung. Keinerlei Arbeit dürft ihr tun; es ist ein Sabbat für den HERRN in all euren Wohnsitzen.

3. Mose 23:3

Und ihr sollt dem HERRN sieben Tage lang ein Feueropfer darbringen. Am siebten Tag ist eine heilige Versammlung, keinerlei Dienstarbeit dürft ihr tun. 3. Mose 23:8

Wer einen Toten berührt, die Leiche irgendeines Menschen, der wird sieben Tage unrein sein. Dieser soll sich am dritten Tag damit entsündigen, und am siebten Tag wird er rein sein; und wenn er sich nicht entsündigt am dritten Tag, dann wird er am siebten Tag nicht rein sein. Jeder, der einen Toten berührt, die Leiche eines Menschen, der gestorben ist, und sich nicht entsündigt, hat die Wohnung des

HERRN unrein gemacht; und diese Seele soll ausgerottet werden aus Israel. Weil das Wasser der Reinigung nicht auf ihn gesprengt wurde, ist er unrein; seine Unreinheit ist noch an ihm. 4. Mose 19:11-13

Und zwar soll der Reine den Unreinen am dritten Tag und am siebten Tag besprengen und ihn am siebten Tag entsündigen; und er soll seine Kleider waschen und sich im Wasser baden, und am Abend wird er rein sein. – Und wenn jemand unrein wird und sich nicht entsündigt, dann soll diese Seele ausgerottet werden aus der Mitte der Versammlung; denn er hat das Heiligtum des HERRN unrein gemacht; das Wasser der Reinigung ist nicht auf ihn gesprengt worden, er ist unrein. 4. Mose 19:19+20

Und am siebten Tag sollt ihr eine heilige Versammlung halten; keinerlei Dienstarbeit sollt ihr tun. 4. Mose 28:25

Ihr aber lagert sieben Tage außerhalb des Lagers! Jeder, der einen Menschen umgebracht, und jeder, der einen Erschlagenen berührt hat. Ihr sollt euch entsündigen am dritten Tag und am siebten Tag, ihr und eure Gefangenen. Und alle Kleider und alles Zeug aus Leder und alle Arbeit aus Ziegenhaar und alles Gerät aus Holz sollt ihr entsündigen. 4. Mose 31:19+20

Und alle Kleider und alles Zeug aus Leder und alle Arbeit aus Ziegenhaar und alles Gerät aus Holz sollt ihr entsündigen. Und der Priester Eleasar sprach zu den Kriegsleuten, die in den Kampf gezogen waren: Das ist die Ordnung des Gesetzes, das der HERR dem Mose geboten hat: Nur das Gold und das Silber, die Bronze, das Eisen, das Zinn und das Blei, alles was Feuer verträgt, sollt ihr durchs Feuer gehen lassen, und es wird rein sein; jedoch soll es mit dem Wasser der Reinigung entsündigt werden; und alles, was Feuer nicht verträgt, sollt ihr durchs Wasser gehen lassen. Und am siebten Tag sollt ihr eure Kleider waschen, und ihr werdet rein sein; und danach könnt ihr wieder ins Lager kommen. 4. Mose 31:20-24

Aber der siebte Tag ist Sabbat für den HERRN, deinen Gott. Du sollst an ihm keinerlei Arbeit tun, du und dein Sohn und deine Tochter und dein Sklave und deine Sklavin und dein Rind und dein Esel und all dein Vieh und der Fremde bei dir, der innerhalb deiner Tore wohnt, damit dein Sklave und deine Sklavin ruhen wie du. Und denke daran, dass du Sklave warst im Land Ägypten und dass der HERR, dein Gott, dich mit starker Hand und mit ausgestrecktem Arm von dort herausgeführt hat! Darum hat der HERR, dein Gott, dir geboten, den Sabbattag zu feiern. 5. Mose 5:14+15

Sechs Tage sollst du ungesäuerte Brote essen. Am siebten Tag aber ist eine Festversammlung für den HERRN, deinen Gott; du sollst keine Arbeit tun. 5. Mose 16:8

Und sieben Priester sollen sieben Widderhörner vor der Lade hertragen. Aber am siebten Tag sollt ihr siebenmal um die Stadt herumziehen, und die Priester sollen dabei in die Hörner stoßen.

Josua 6:4

Und es geschah am siebten Tag, da machten sie sich früh auf, beim Aufgang der Morgenröte, und zogen in derselben Weise siebenmal um die Stadt; nur an diesem Tag zogen sie siebenmal um die Stadt. Und es geschah beim siebten Mal, da stießen die Priester in die Hörner und Josua sagte zum Volk: Erhebt das Kriegsgeschrei! Denn der HERR hat euch die Stadt gegeben. Josua 6:15+16

Und es geschah am vierten Tag, da sagten sie zu Simsons Frau: Betöre deinen Mann, dass er uns das Rätsel löst, sonst verbrennen wir dich und das Haus deines Vaters mit Feuer! Habt ihr uns eingeladen, um uns aus unserm Besitz zu vertreiben? Ist es nicht so? Da weinte Simsons Frau bei ihm und sagte: Du hasst mich nur und liebst mich nicht. Den Söhnen meines Volkes hast du das Rätsel aufgegeben, aber mir hast du es nicht erzählt. Er aber sagte zu ihr: Siehe, meinem

Vater und meiner Mutter habe ich es nicht erzählt, da sollte ich es dir erzählen? Doch sie weinte bei ihm die sieben Tage, an denen sie das Festmahl hielten. Und es geschah am siebten Tag, da erzählte er ihr die Lösung des Rätsels, weil sie ihn drängte, und sie erzählte das Rätsel den Söhnen ihres Volkes. Da sagten die Männer der Stadt zu ihm am siebten Tag, bevor die Sonne unterging: Was ist süßer als Honig, und was ist stärker als der Löwe? Er sagte zu ihnen: Wenn ihr nicht mit meinem Kalb gepflügt hättet, dann hättet ihr mein Rätsel nicht herausgefunden. Und der Geist des HERRN kam über ihn. Und er ging hinab nach Aschkelon und erschlug dreißig Mann von ihnen und zog ihnen die Ausrüstung aus und gab die Festkleider denen, die das Rätsel gelöst hatten. Und sein Zorn entbrannte, sodass er ins Haus seines Vaters hinaufging. Simsons Frau aber wurde einem seiner Brautbegleiter gegeben, der ihm als Brautführer gedient hatte.

Richter 14:15-20

Und Nathan ging in sein Haus zurück. Und der HERR schlug das Kind, das Urias Frau dem David geboren hatte, und es wurde schwer krank. Und David suchte Gott um des Jungen willen. Und David fastete lange. Und wenn er hineinkam, lag er die Nacht über auf der Erde. Und die Ältesten seines Hauses machten sich zu ihm auf, um ihn von der Erde aufzurichten. Aber er wollte nicht und aß kein Brot mit ihnen. Und es geschah am siebten Tag, da starb das Kind. Und die Knechte Davids fürchteten sich, ihm zu berichten, dass das Kind tot sei, denn sie sagten sich: Siehe, als das Kind noch am Leben war, haben wir zu ihm geredet, und er hat nicht auf unsere Stimme gehört: Wie könnten wir jetzt zu ihm sagen: Das Kind ist tot? Er würde Unheil anrichten. Und David sah, dass seine Knechte miteinander flüsterten. Da merkte David, dass das Kind tot war. Und David sagte zu seinen Knechten: Ist das Kind tot? Sie sagten: Es ist tot. Da stand David von der Erde auf und wusch sich und salbte sich und wechselte seine Kleider und ging ins Haus des HERRN und warf sich vor ihm nieder. Dann kam er in sein Haus zurück und verlangte zu essen, und man setzte ihm Brot vor, und er aß. Da sagten seine Knechte zu ihm: Was ist das für eine Sache, die du tust? Als das

Kind lebte, hast du seinetwegen gefastet und geweint, sobald aber das Kind gestorben war, bist du aufgestanden und hast gegessen! Da sagte er: Als das Kind noch lebte, habe ich gefastet und geweint, weil ich mir sagte: Wer weiß, vielleicht wird der HERR mir gnädig sein, und das Kind bleibt am Leben. Jetzt aber, da es tot ist, wozu sollte ich denn fasten? Kann ich es etwa noch zurückbringen? Ich gehe einmal zu ihm, aber es wird nicht zu mir zurückkehren.

2. Samuel 12:15-23

Und sie lagerten einander gegenüber sieben Tage lang. Und es geschah am siebten Tag, da kam es zum Kampf, und die Söhne Israel schlugen die Aramäer, 100.000 Mann zu Fuß, an einem Tag.

1. Könige 20:29

Am siebten Tag, als das Herz des Königs vom Wein fröhlich war, befahl er Mehuman, Biseta, Harbona, Bigta und Abagta, Setar und Karkas, den sieben Eunuchen, die den König Ahasveros persönlich bedienten, die Königin Wasti mit dem königlichen Diadem vor den König kommen zu lassen, um den Völkern und Fürsten ihre Schönheit zu zeigen; denn sie war von schönem Aussehen. Esther 1:10+11

So werde ich Strafgerichte an Ägypten üben; und sie werden erkennen, dass ich der HERR bin. Und es geschah im elften Jahr, im ersten Monat, am Siebten des Monats, da geschah das Wort des HERRN zu mir so: Menschensohn, den Arm des Pharao, des Königs von Ägypten, habe ich zerbrochen; und siehe, er ist nicht verbunden worden, ihm Heilung zu verschaffen, indem man einen Verband angelegt hätte, ihn zu verbinden, um ihn zu stärken, damit er das Schwert fassen kann. Darum, so spricht der Herr, HERR: Siehe, ich will an den Pharao, den König von Ägypten, und zerbreche seinen Arm, den starken und den zerbrochenen, und lasse das Schwert seiner Hand entfallen. Und ich versprenge die Ägypter unter die Nationen und zerstreue sie in die Länder. Und ich stärke die Arme des Königs von Babel und gebe mein Schwert in seine Hand; die Arme des Pharao aber zerbreche ich, dass er wie ein vom Schwert Durchbohrter vor ihm ächzen wird. Und ich stärke die Arme des Königs von Babel, aber die Arme des Pharao werden sinken. Und sie werden erkennen, dass ich der HERR bin, wenn ich mein Schwert in die Hand des Königs von Babel gebe und er es gegen das Land Ägypten ausstreckt. Und ich werde die Ägypter unter die Nationen versprengen und sie in die Länder zerstreuen; und sie werden erkennen, dass ich der HERR bin.

Hesekiel 30:19-26

Denn er hat irgendwo von dem siebten Tag so gesprochen: „Und Gott ruhte am siebten Tag von allen seinen Werken." Und an dieser Stelle wiederum: „Sie sollen nimmermehr in meine Ruhe eingehen!" Weil es nun dabei bleibt, dass einige in sie eingehen und die, denen zuerst die gute Botschaft verkündigt worden ist, des Ungehorsams wegen nicht hineingegangen sind, bestimmt er wieder einen Tag, ein „Heute", und sagt durch David nach so langer Zeit, wie vorhin gesagt worden ist: „Heute, wenn ihr seine Stimme hört, verhärtet eure Herzen nicht!" Denn wenn Josua sie in die Ruhe gebracht hätte, würde er danach nicht von einem anderen Tag geredet haben. Also bleibt noch eine Sabbatruhe dem Volk Gottes übrig. Denn wer in seine Ruhe eingegangen ist, der ist auch zur Ruhe gelangt von seinen Werken wie Gott von seinen eigenen. Hebräer 4:4-10

# Anhang 3

## Literaturhinweis

Hier eine unvollständige Liste des Materials, welches ich im Laufe der Jahre während meiner Studien verwendet habe. Für den Studenten des Wortes, der sich eingehender mit dem Thema dieses oder jedes anderen Buches zu befassen wünscht, ist es dienlich:

- *The Old Testament Pseudepigrapha, Volume 1*
- *The New Testament Pseudepigrapha, Volume 2*
- *Dake's Study Notes* von Finis Dake
- *E.W. Bullinger's notes found in the Companion Bible*
- *Number in Scripture* von E.W. Bullinger
- Symbols and Types von Kevin Conner
- *The JPS Guide to Jewish Traditions* von Ronald Eisenberg
- *The Hebraic Roots Version Scriptures*
- *Hitchcock's New and Complete Analysis of the Bible* von Roswell Hitchcock
- *Vincent's Word Studies in the New Testament*
- *Word Studies in the Greek New Testament* von Kenneth S. Wuest
- *The Complete Word Study Dictionary – Old and New Testament*
- *The Zondervan Pictorial Encyclopedia of the Bible, Volumes 1-5*
- *Theological Dictionary of the New Testament, Volumes 1-10*
- *The Complete Works of Josephus*
- *The Works of Philo*

- *The IVP Bible Background Commentary New Testament*
- *Strong's Exhaustive Concordance*
- *Vine's Expository Dictionary of Old and New Testament Words*
  *Young's Analytical Concordance to the Bible*

# Über Bruce D. Allen

Die lebensverändernde Kraft Gottes hat im Dienst von Bruce Allen seit vielen Jahren Gemeinden, Städte und Nationen berührt und begeistert.

Gott gebraucht Bruce in der Gabe der Prophetie und der Lehre, um Personen und Gemeinden für tiefere Bereiche des Geistes freizusetzen. Eine überwältigende Gegenwart des Heiligen Geistes mit einzigartigen Zeichen, Wundern und Machttaten durchdringt die Atmosphäre seiner Veranstaltungen.

Das Vaterherz Gottes ist im Dienst von Bruce offenkundig. Die Gegenwart und Herrlichkeit des Herrn führen viele zum Vater zurück, und etliche schöpfen tief aus dem Brunnen Seiner Gegenwart.

Das Mandat von Still Waters International ist, „den Weg des Herrn zu bahnen und gerade Wege für Seine Füße zu bereiten." Dieses Mandat legt den Schwerpunkt nicht nur auf die baldige Rückkehr des Herrn, sondern auch auf jene Menschen, die Gottes Gegenwart in ihrem Leben tiefer erfahren wollen.

Still Waters International Ministries
P.O. Box 1001
Chewelah, WA 99109, USA
Fon: (001) 509-340-1369
E-Mail: abidesinrest@msn.com
Webseite: www.stillwatersinternational.org

Bruce D. Allen

**Ein-Blick in die Herrlichkeit**

Das Geburtsrecht der Gläubigen
auf ein übernatürliches Leben

Mose sprach mit Gott **von Angesicht zu Angesicht**; solch eine innige Beziehung wünscht sich Dein Schöpfer auch mit Dir. In deinem täglichen Leben sollst du **Erfahrungen im geistlichen Bereich** machen. Gegründet auf dem Wort Gottes beschreibt Bruce Allen übernatürliche Geschehnisse aus eigenem Erleben, die dich **das Wesen der Herrlichkeit Gottes** entdecken lassen.

Breite dieses Buch wie eine Landkarte vor dir aus und begib dich auf die Reise zu einem Lebensstil, der von **Begegnungen mit Gott**, geprägt ist, die Er zu deiner Freude geplant hat. Auch **Entrückungen** und **Engelsbesuche** werden für dich mehr sein als Erzählungen. Jeder an Jesus Gläubige ist berufen, **herrliche Abenteuer** auf seinem Glaubensweg zu erleben.

Bruce D. Allen

**Zusage des Dritten Tages**

Deine Bevollmächtigung steht bevor

Was bedeutet es, dem Volk Gottes in der Endzeit anzugehören und während des „Dritten Tages" zu leben? Bruce Allen schildert seinen prophetischen Einblick über Gottes Zusage des Dritten Tages und, wie du in Seinen **nahezu unglaublichen Plan** passt.

Dein Leben kann zu einem Wunder werden! Du wirst erstaunt sein über die von Gott gegebene Möglichkeit, auf Seinen **übernatürlichen Wegen** zu wandeln. Erkenne die Hand Gottes auf deinem Leben und auf dem deiner Lieben.

Die Zusage des Dritten Tages gründet sich auf biblischer Geschichte, aktuellen Ereignissen und persönlichen Erfahrungen des Autors und wird dich beflügeln, **Gottes Bestimmung für dich** anzunehmen. Heute befinden wir uns am Morgen des Dritten Tages!

EUR 13,80

Paperback, 192 Seiten

ISBN 978-3-938972-50-2

Michael Van Vlymen

**Offene Augen des Herzens**

Praktische Schritte zu Erlebnissen im Geist

Mit den Augen des Geistes in den **Raum des Übernatürlichen** zu schauen, gehört zu den größten und intensivsten Erlebnissen, die ein Mensch erfahren kann. Auf meiner Suche nach mehr Verständnis über diesen Bereich des christlichen Lebens entdeckte ich, wie **jeder** in den Bereich des Geistes gelangen und an **geistlicher Sehkraft zunehmen** kann.

Anhand von **praktischen Schritten** möchte ich Dir zeigen, wie Du Dich in diese wunderbare Gabe hineinbewegen und erleben kannst, was der Vater hier **für Dich bereithält**. Unter anderem spreche ich an:

- Stille und Fokus sind Schlüssel für **geistliches Sehen**
- Training der geistlichen Sinne
- Blockaden für das Sehen und wie man sie entfernt

EUR 11,80

Paperback, 138 Seiten

ISBN 978-3-938972-35-9

Michael Van Vlymen

**Begegnung mit Engeln**

und andere himmlische Erfahrungen

Der Ruf nach einem **leidenschaftlichen Wandel mit Gott** wird in der Christenheit immer lauter. Für Menschen, die Seine Nähe begehren, wirkt Er noch immer das scheinbar „Unmögliche". Jesus sagt: „Komm zu mir in den **Bereich des Übernatürlichen!**"

Die nahezu unglaublichen Erlebnisse des Autors beinhalten **Begegnungen mit himmlischen Heerscharen, Versetzungen, Visionen, Heilungen, Versorgungswunder** und noch mehr. Gott hält für alle Seine Kinder ein **„natürlich übernatürliches Leben"** bereit. Dies darfst auch Du erfahren, wenn Du dazu bereit bist.

EUR 13,80
Paperback, 192 Seiten
ISBN 978-3-938972-44-1

**ReformaZion Media**
**Braasstraße 30**
**31737 Rinteln**
**Fon (05751) 97 17 0**
**Fax (05751) 97 17 17**
**info@reformazion.de**
**www.reformazion.de**